Maria Montessori
Kinder richtig motivieren

HERDER / SPEKTRUM
Band 4749

Das Buch

Kinder sind von Natur aus entdeckerfreudig und hilfsbereit. Maria Montessori zeigt: Es kommt nur darauf an, die richtigen Impulse zu geben, dann nehmen Kinder auch Anstrengungen auf sich, um zu ihrem Ziel zu gelangen. Kinder entdecken selbst die Freude am Lernen, entwickeln und entfalten Entdeckerdrang, ohne daß sie immer wieder von Erwachsenen angestoßen werden müssen. Selbständiges Handeln, Entscheidungsfähigkeit, Konzentration und Durchhaltevermögen – diese Fähigkeiten werden in einer komplexen Welt immer wichtiger. Die Texte Maria Montessoris machen deutlich, wie man schon frühzeitig richtige Impulse setzen kann.

Die Autorin

Maria Montessori, 1870–1952, italienische Pädagogin und Ärztin. Begründerin der als Montessori-Pädagogik bezeichneten Pädagogik der Selbsterziehung des Kindes in freigewählter Tätigkeit mit besonderen Arbeits- und Lernmitteln. Bei Herder/Spektrum: Kinder lernen schöpferisch (Band 4262); Lernen ohne Druck (Band 4371); Wie Kinder zu Konzentration und Stille finden (Band 4597); Wie Lernen Freude macht (Band 4707). Alle Bände sind herausgegeben von Ingeborg Becker-Textor.

Die Herausgeberin

Ingeborg Becker-Textor, geb. 1946, Kindergärtnerin mit Montessori-Diplom, Diplom-Sozialpädagogin und Diplom-Pädagogin. Leiterin des Referats „Kindergärten, Horte, Netz für Kinder" im Bayerischen Staatsministerium für Arbeit und Sozialordnung, Familie, Frauen und Gesundheit. Zahlreiche Publikationen. Bei Herder/Spektrum: Was in Kindern alles steckt (Band 4561).

Maria Montessori

Kinder richtig motivieren

Herausgegeben und eingeleitet
von Ingeborg Becker-Textor

Herder
Freiburg · Basel · Wien

Für Wolfgang

Gedruckt auf umweltfreundlichem,
chlorfrei gebleichtem Papier

Originalausgabe

Alle Rechte vorbehalten – Printed in Germany
© Verlag Herder Freiburg im Breisgau 1999
Herstellung Freiburger Graphische Betriebe
Umschlaggestaltung: Joseph Pölzelbauer
Umschlagfoto: © Hartmut W. Schmidt-Fotografie
ISBN 3-451-04749-7

Inhalt

Vorwort 7

Motivation, was ist das? 11
Schlüssel zur Motivation 15
Neue Verhaltensweisen 19
Kinder leisten Außerordentliches 25
Umdenken in der Familie 39
Stufenweises Lernen 49
Kinder entscheiden selbst 61
Fehlverhalten von Erwachsenen 83
Konzentration und Aufmerksamkeit 87
Die Entwicklung des Willens 101
Inneres Wachsen 109
Wenn Kinder es besser wissen 115
Motivation, die von der Umgebung ausgeht 125
Die Macht von Gewohnheiten 139

Nachwort 149

Und was verstehen andere unter „Motivation"? . . 155

Literatur 159

Vorwort

Maria Montessori gelingt es in ihren pädagogischen Ansätzen – wie kaum einem anderen – Kinder zu motivieren. Dies geschieht einmal durch ihre Materialien, aber zum anderen auch durch die von ihr vertretene Methodik und Didaktik und nicht zuletzt durch ihre Sichtweise vom Menschen und besonders vom Kind.

Ausgehend von der Beobachtung der Kinder durch die „neue Lehrerin" und durch die vorbereitete Umgebung, weckt sie die Eigentätigkeit des Kindes und motiviert Kinder zu eigenständigem selbstverantwortlichen Tun und Handeln.

Die Kinder gewinnen Freude am Lernen, entwickeln und entfalten Entdeckerdrang, ohne daß wir Erwachsenen das Kind anstoßen oder ständig anleiten müssen. Montessori vertritt die Ansicht, daß Kinder aus Freude am Lernen aktiv werden, daß sie grundsätzlich hoch motiviert sind und über eine außergewöhnliche Lernbereitschaft verfügen. Die Erwachsenen sehen dies oft nicht und verhindern damit unbewußt, daß diese Lernbereitschaft zur vollen Entfaltung kommt. Sie verkennen nicht nur die Aufnahmebereitschaft der Kinder, sie „bremsen" vielmehr auch die Motivation oder kehren sie zum Gegenteil um.

In jedem Menschen stecken Motivation und Energie. Durch positive Impulse und Anregungen werden diese geweckt und unterstützt und damit das Lernen und seine Zielrichtung positiv beeinflußt.

So wird in diesem Buch versucht, Montessoris Verständnis von der Bedeutung der Motivation offenzulegen. Es wird aber auch versucht Impulse zu setzen, für Überlegungen, wie wir als Erwachsene Kinder zum Lernen motivieren können. So manches wird den Lesern bekannt vorkommen, obwohl es im Erziehungsalltag in Vergessenheit geraten ist. Die Ausführungen in diesem Buch geben keine Einführung in eine „quasi" neue Pädagogik, sondern verfolgen eine Rückbesinnung auf die eigene Lernmotivation. Kinder wollen nicht, daß wir ständig hinter ihnen stehen und sie anleiten. Statt dessen brauchen sie ein motivierendes Umfeld, in dem sie ihr Handeln selbst bestimmen können und aus der eigenen Motivation heraus lernen.

Maria Montessori fordert die Erwachsenen deshalb auf:

„Dem Leben helfen, ist das erste fundamentale Prinzip.
    Wer kann uns denn die natürlichen Wege, auf denen sich das psychische Wachstum des menschlichen Individuums vollzieht, offenbaren, wenn nicht das Kind selbst, sofern es in Verhältnisse gebracht wird, die es ihm möglich machen, sich zu offenbaren? Unser erster Lehrmeister wird also das Kind selbst sein, oder besser noch: Der Lebensdrang mit den kosmischen Gesetzen, die es unbewußt leiten. Es ist nicht so sehr das, was wir ‚den Willen des Kindes' nennen, als der geheimnisvolle Wille, der seine Bildung leitet.

Ich kann versichern, daß die Offenbarungen des Kindes gar nicht so schwierig zu erreichen sind. Die wirklichen Schwierigkeiten liegen in den alten Vorurteilen der Erwachsenen gegenüber dem Kind, in dem blinden Unverstand, in den Schleiern, die eine willkürliche und ausschließlich auf die menschliche Vernunft, ja mehr noch, auf den unbewußten Egoismus des Menschen und seinem Hochmut als Herrscher ruhenden Erziehung gewebt haben, so daß die Werte der weisen Natur uns verborgen bleiben.

Unser Beitrag, wie unvollständig und gering er auch sein möge, als wie belanglos er auf der wissenschaftlichen Ebene der Psychologie auch geachtet werden möge, dient aber doch dazu, diese enorme Behinderung durch Vorurteile deutlich zu machen; Vorurteile, die Beiträge unserer isolierten Erfahrungen auswischen und zerstören können. Wenn wir nur das Bestehen dieser Vorurteile aufzeigen könnten, würden wir schon eine Wohltat von allgemeinem Interesse erwiesen haben" (Maria Montessori, „Dem Leben helfen", S. 135).

Es gilt vertieft der Frage nachzugehen, wie wir dem „Leben helfen können". Es scheint nicht so einfach zu sein, denn der erwachsene Mensch glaubt in der Regel, daß er alles weiß, daß er mehr weiß, daß er es besser weiß. Die Bereitschaft, sich auf das Kind wirklich einzulassen und es dadurch überhaupt richtig zu erkennen bzw. zu entdecken, ist schlecht entwickelt.

„In der Natur gibt es die Weisheit der Natur, welche die Bildung leitet. Wenn die natürlichen Umstände nicht da sind, muß man das Individuum beobachten und verstehen, und es müssen die Mittel geboten werden, durch welche dieser richtige Aufbau geleistet werden kann" (Maria Montessori, „Dem Leben helfen", S. 109).

Maria Montessoris Aussagen sind eindeutig und klar. Sie werden trotzdem nur unzureichend verstanden oder umgesetzt. Wenn wir Kindern und damit dem Leben wirklich helfen wollen, dann müssen wir Kinder entdecken und besser verstehen lernen, müssen wir offen sein für das Große, was in ihnen steckt und was sie uns auf verschiedene Art und Weise offenbaren.

Das vorliegende Buch ist ein weiterer Baustein in der Interpretation des Gesamtwerkes Maria Montessoris. Es setzt einige Grundkenntnisse zur Pädagogik Montessoris voraus. Deshalb können auch nicht alle Begriffe, die zum Wortschatz Maria Montessoris gehören, umfassend abgehandelt werden. Lassen Sie sich daher motivieren, auch einige andere Veröffentlichungen zu lesen und die Aktualität der pädagogischen Ideen und Gedanken zu entdecken.

Motivation, was ist das?

Der Begriff Motivation scheint im Alltagssprachgebrauch klar und griffig zu sein. Und trotzdem, der Schein trügt. Befragt man Erwachsene nach der Bedeutung des Begriffs, dann verschwimmt er zusehends. Statt klar und griffig zu sein, wird er ungenau und schwammig. Dies veranlaßt mich dazu, in diesem Eingangskapitel der Bedeutung nachzugehen.

In der Motivationspsychologie versteht man unter Motivation die aktuellen Bedingungen, die in einer gegebenen Situation die Richtung, Stärke und Ausdauer einer Handlung bestimmen.

Zwei Definitionen sind demnach möglich:

– Motivation ist ein Aktivierungsgeschehen
– Motivation ist ein Steuerungsfaktor.

Motivation kann also Anlaß für bestimmte Aktivitäten sein oder auch dazu führen, diese zu unterlassen. Eine bestimmte Motivation kann das Handeln eines Menschen aber auch in eine gewünschte Richtung lenken, auf ein Ziel zusteuern.

Die Soziologie spricht von einem Motiv als einem Spannungszustand innerhalb eines Organismus, durch den ein zielgerichtetes Handeln in Gang gesetzt wird. Die Aktivierung des Organismus, aber ebenso die Steuerung des Verhaltens, werden der Motivation zugeschrieben.

Die Lernpsychologie unterscheidet zwei Formen der Motivation:

– die intrinsische Motivation
– die extrinsische Motivation.

„Als intrinsische Motivation wird diejenige Motivation bezeichnet, durch die von einer Tätigkeit oder Aufgabe ausgehenden Anreize geschaffen werden. Intrinsisch motiviert ist zum Beispiel ein Schüler, der sich für einen bestimmten Lernstoff ‚um der Sache selbst willen' interessiert. Als extrinsische Motivation wird dagegen diejenige Motivation bezeichnet, die durch ‚äußere', nicht ‚in der Sache' liegende Anreize, Strafen, Zwänge usw. (‚extrinsische Belohnungen') geschaffen wird. Extrinsische Lernmotive wären zum Beispiel das Streben nach guten Zensuren, Angst vor Strafen, Vermeidung von Mißbilligungen durch die Gruppe usw." („Lexikon der Soziologie", S. 519).

Grundsätzlich kann davon ausgegangen werden, daß intrinsische Motivation zu wesentlich besseren Lernergebnissen führt.

„Das Konzept der intrinsischen Motivation eignet sich besonders gut für die Beschreibung der Leistungsmotivation, der Bildung von Interessen, des Willensverhaltens, der Werthaltung sowie des Spielverhaltens ... in spezifische begrifflicher Fassung ist intrinsische Motivation durch selbst gesetzte Normwerte, Selbstbekräftigung, Selbstverantwortlichkeit und kognitive Bezugssysteme gekennzeichnet" (Oerter, „Moderne Entwicklungspsychologie", S. 105).

Autoren, die sich mit Motivationskonzepten beschäftigt haben, setzen unterschiedliche Schwerpunkte darin, wie sie Motivation sehen. So heben kognitiv orientierte Autoren die Zielgerichtetheit motivierten Verhaltens hervor. Sie gehen nicht von der Verknüpfung von Reizen und Reaktionen aus, sondern von Motivation als Verfolgung von Absichten und Zwecken. Antizipation oder Erwartungen werden zum Zentralkonzept.

Experimente zeigen, daß der Anreiz einer Aufgabe nicht von der Erfolgswahrscheinlichkeit oder dem Nutzen abhängt, sondern davon, wie stark diese Aufgabe das Selbstwertgefühl berührt.

„Was die Fragen der Gestaltung schulischen Lernens angeht, zeigen sich in den letzten Jahren Tendenzen, intrinsische Motivationen wie Neugier oder Motivation zu Problemlösen und kreativer Tätigkeit stärker hervorzuheben, und Anregungsbedingungen für extrinsische Motivation zurückzunehmen. Da intrinsische Motivierung nach den einschlägigen Beobachtungen und Ergebnissen selbständiges Fragen, Erforschen und Problemlösen zu begünstigen scheint, ist auf diesen Wegen eher die Annäherung an das Erziehungsziel des kritischen, urteilsfähigen und produktiven Lernenden zu erwarten" (Skowronek in: „Wörterbuch der Erziehung", S. 430).

Die Begriffe selbständiges Fragen, Erforschen und Problemelösen treffen genau auch die Absicht Maria Montessoris. Sie stellt das Kind als Lehrer über den Erwachsenen und ordnet der neuen Lehrerin die Aufgabe der Beobachtung und der Vorbereitung der Umgebung zu. Durch die Darbietung des Materials, das Neugierverhalten und die Anreize aus der Umgebung erwächst dem Kind die Motivation, selbst aktiv tätig zu werden und sein Lerntempo selbst zu bestimmen.

Erwachsene können nur selten begreifen, wie Kinder konzentriert und motiviert einer ihnen eher langweilig erscheinenden Tätigkeit nachgehen können. Fazit: Auch in punkto Motivation kann der Erwachsene – Vater, Mutter, Erzieher – vom Kind lernen!

Schlüssel zur Motivation

Montessori schafft mit den von ihr entwickelten Materialien und der Art, wie sie dem Kind in einer vorbereiteten Umgebung angeboten werden, die Voraussetzungen für eigenmotiviertes Lernen. Die Anleitung und Führung durch den Erwachsenen wird durch die Anreize und die Motivation, die von den Materialien ausgeht, zurückgedrängt. Das Kind steuert und entscheidet selbst und schreibt den Erwachsenen nur eine Aufgabe zu: „Hilf mir, es selbst zu tun!"

Dieser Satz ist Montessoris eigentliches Grundprinzip, mit dem sie die „Macht" der Erwachsenen bricht.

Sie fordert

- Die Schulung der Wahrnehmungsfähigkeit,
- die planvolle Vorbereitung durch die Lehrerin,
- die Unterstützung des Selbstwerdungsprozesses,
- die vorbereitete Umgebung,
- Rücksicht auf Freiheit und Spontaneität,
- das Eingehen auf die sensitiven Perioden,
- die Rücksicht auf die Konzentration des Kindes,
- Entscheidungsspielräume und Selbstkompetenz usw.

Auffallend bei Montessori ist auch die Begrenzung des Materials. So ist jedes Material im Raum nur einmal vorhanden. In der „Begrenzung" der Hilfsmittel sieht sie die Chance, Ordnung in den Geist des Kindes zu bringen (als vertiefende Literatur für die Montessori-Materialien wird auf das Buch „Wie lernen Kindern Freude macht" – kreativ mit Montessori-Material umgehen, verwiesen, das in der gleichen Reihe erschienen ist).

„Nun besteht eine der Hauptaufgaben der modernen Erziehung gerade darin, das soziale Empfinden des Kindes zu entwickeln und in ihm die Neigung zu erwecken, mit seinesgleichen gesellig zu leben. Und doch hat das Kind keine ihm angemessene Umgebung: Es lebt ja in der Welt des Erwachsenen. Dieses Mißverhältnis hat für das Leben des Kindes von heute charakteristische Folgen; zunächst scheint es, daß es nur wegen der Größenunterschiede zwischen dem Kind und den Gegenständen seiner Umgebung keine Beziehung zwischen sich und der Umwelt finden und sich daher nicht natürlich entwickeln kann.

Ein solches Mißverhältnis herrscht aber nicht nur hinsichtlich der Größen, sondern auch hinsichtlich größerer oder geringerer Behendigkeit. Denken wir uns einen Taschenspieler, der alle seine Kunststücke mit großem Geschick ausführen kann und eine außergewöhnliche Leichtigkeit und Flinkheit der Bewegungen zeigt. Wollte ich diese Kunststücke selber versuchen, so würde er mir sagen: „Aber was machst du denn?" da ich das sicher nicht schaffen könnte. Würde ich es nun langsam versuchen, verlöre er wohl die Geduld. Verhalten wir uns den Kindern gegenüber anders? – Ich möchte allen Müttern den Rat geben: Laßt doch eure drei- und vierjährigen Kinder in aller

Ruhe sich allein waschen, sich ausziehen, laßt sie ohne Hilfe essen, so wie es ihnen paßt!

Müßten wir nur einen Tag in einer Umgebung leben, die der entspricht, die wir unseren Kindern bereiten, wie ratlos wären wir! Alle unsere Kräfte, alle unsere Energien müßten wir nur für unsere Verteidigung gebrauchen, uns immer mit den Worten wehren: „Nein, laßt mich, ich will nicht!", und wir würden schließlich wie die Kinder in Tränen ausbrechen, wenn wir kein anderes Verteidigungsmittel mehr fänden. Doch die Mütter sagen: „Was für ein launenhaftes Kind! Es will nicht zur Zeit aufstehen und schlafen gehen, und immer sagt es: ‚Ich will nicht, ich will nicht!' Kleine Kinder dürfen doch niemals sagen: ‚Ich will nicht!'"

Wenn wir aber im Haus eine Umgebung schüfen, die der Größe, den Kräften und den psychischen Fähigkeiten der Kinder entspräche, und wenn wir das Kind dort frei leben ließen, dann hätten wir bereits einen großen Schritt hin zur Lösung des Erziehungsproblems ganz allgemein getan; denn dadurch gäben wir dem Kind *seine Umgebung.* (Maria Montessori, „Dem Leben helfen", S. 55 ff).

Im vorstehenden Text gibt uns Montessori klare Hinweise, wie wir Kinder erziehen sollen, wie wir die Umgebung für sie am besten aufbereiten, womit und wie wir ihnen Beispiel geben können und sie motivieren.

Der Erwachsene hat keine Geduld, wenn das Kind seiner Meinung nach beim Anziehen zu langsam vorankommt. Durch Worte wie „Mach schon", „Komm, ich helf dir", „So ist es falsch", und ähnliches, glaubt er es „antreiben" zu können. Statt zu Motivation kommt es zu Demotivation. Das Kind wird in seiner Anstrengung und seinem

Bemühen nicht erkannt. Die Mutter ist unzufrieden, obwohl das Kind all seine Energie aktiviert, um sich anzuziehen. Es fehlt ihm noch die Übung oder die Geschicklichkeit. Aber gerade darin zeigt das Kind, daß es ein lernendes Wesen ist. Nicht alles kann auf Anhieb klappen. Sagt nicht ein altes Sprichwort „Gut Ding will Weile haben"!?

Die Mutter verliert die Geduld oder die Lust. Das Kind hat keine Motivation eingebüßt, es ist weiterhin bemüht, seine Aufgabe zu erfüllen, und es macht ihm sogar Spaß. Der kleinste Fortschritt motiviert das Kind aufs Neue. Welch ein Glück!

Montessori weist uns darauf hin, daß, müßten wir Erwachsenen in einer Umgebung leben, wie wir sie den Kindern bereiten, völlig ratlos wären. Damit hat sie vollkommen recht. Warum gehen wir dann aber nicht anders mit den Kindern um, wenn wir uns unseres Verhaltens bewußt sind? Ist es so schwer, zu ihnen herunterzusteigen bzw. zu ihnen hinaufzublicken, ihnen eine geeignete Umgebung zu geben?

Welche Motivation und Zufriedenheit können Kinder aus ihren Aktivitäten ziehen, wenn wir sie nur lassen? Wir sind zwar erstaunt über das Verhalten der Kinder, meinen aber, auf jeden Fall eingreifen zu müssen. Dabei stören wir häufig das Kind, unterbrechen seine Konzentration und Motivation. Von der geordneten gelangt das Kind zu ungeordneter Arbeit. Dies geschieht nicht, weil es sein Verhalten verändert hat. Nein, unsere Unterbrechung führt zu einer Verhaltensänderung, das Kind braucht Zeit, um wieder zu seiner Tätigkeit zurückzufinden.

Neue Verhaltensweisen

Montessori hat sich von den hergebrachten Erziehungsmethoden und insbesondere dem Lehrer und seinem Verhalten entfernt. Um Kinder in richtiger Weise zu begleiten, fordert sie die „neue Lehrerin". Die „neuen" Verhaltensweisen gelten für alle Erwachsenen, die mit Kindern umgehen.

„Die Tatsache, daß es Reize gibt, die bei dem Kinde geistige Tätigkeit wecken können, ist das Kriterium unserer Erziehungsweise. Gleichwohl sollte man ihnen keine absolute Macht beimessen.
  Die größere oder geringere Wirkung hängt von der Lehrerin ab und von ihrer Art, das Material darzubieten. Wenn sie den Kindern diese Gegenstände anziehend zu machen versteht, wird ihre Unterweisung ebenso wichtig wie das Material selbst. Wir verstehen danach unter der ‚Lektion' oder Unterweisung durch die Lehrerin ihre besondere Fähigkeit, dem Kinde das Material darzubieten und es in seinen Gebrauch einzuführen.
  Diejenigen, die unsere Methode studieren, beschäftigen sich viel mit dem, was ‚die Unterweisung durch die Lehrerin' betrifft. Es ist interessant, einen Vergleich zu ziehen zwischen den ‚Lektionen', die in unseren Schulen gegeben werden und denen, die in anderen Schulen gebräuchlich sind, an denen nach der hergebrachten Methode unterrichtet wird.

Bei unseren Unterweisungen ist der Hauptanteil der Initiative der Kinder überlassen. Sobald das Kind in dem Alter ist, einsichtige Handlungen ausführen zu können, ist es imstande, seine Bildung allein fortzusetzen und aus eigenem Willen die Übungen zu wiederholen, die geeignet sind, sein Urteilsvermögen zu üben: Es leistet so eine völlig unabhängige Arbeit, die ihm allein gehört und in die die Lehrerin nicht eingreifen darf. Ihre Rolle beschränkt sich auf das Anbieten des Materials. Sie braucht das Kind nur einzuführen in seinen Gebrauch, dann kann sie es seiner Arbeit überlassen. Denn es ist nicht so sehr unser Ziel, Unterweisungen zu erteilen, als die geistigen Kräfte zu erwecken und zu entwickeln.

Die Zahl der ‚Lektionen' wird sehr groß sein, denn das Kind kennt den Gebrauch der meisten Gegenstände seiner Umgebung nicht und kann ihn allein auch nicht erraten. Es ist daher die Aufgabe der Lehrerin, ihn dem Kinde zu zeigen. Viele Lehrerinnen fragten mich: ‚Genügt es, das Material geschickt und freundlich darzubieten?' Nein, das genügt noch lange nicht, denn die Art des Gebrauchs ist das wichtigste. Nehmen wir z. B. ein Eßbesteck. Sein Gebrauch ist jedem von uns bekannt, würde aber ein Chinese, der die Handhabung desselben noch nicht kennt, ein Eßbesteck auf unserem Tisch liegen sehen, er nähme es ratlos von einer Hand in die andere, bis er gesehen hätte, wie jemand von uns damit umgeht.

So gibt auch die Lehrerin jedesmal eine Unterweisung, wenn sie die Würfel der Größe nach aufeinandersetzt und so eine Art Turm baut, den sie wieder abbaut, oder wenn sie die Einsatzzylinder aus den Löchern nimmt, sie durcheinandermischt und wieder in die entsprechenden Vertiefungen einsetzt oder wenn sie einen Teppich auf dem Boden ausrollt. Solche Unterweisungen mögen vielleicht sonderbar erscheinen, da sie fast wortlos erteilt werden, während wir doch gewöhnlich glauben, eine ‚Lektion' sei gleichbedeutend mit einer mündlichen Erklärung, beinahe einer ganzen Rede. Dennoch sind unsere Unterweisungen ohne Worte wirkliche und richtige ‚Lektionen'. Sie lehren das Kind, wie es sich setzen, wie es aufstehen, wie es ein Tischchen oder ein Tablett mit Wassergläsern tragen soll. Sie zeigen dem Kind, wie es sich leicht und sicher bewegen kann. Sind das nicht alles ‚Lektionen'? Auch die ‚Stille' ist eine Unterweisung. Bei dieser Übung lehren wir das Kind, still zu sitzen und gewöhnen es daran, diese Haltung so lange zu bewahren, bis eine leise Stimme seinen Namen flüstert. Wir lenken seine Aufmerksamkeit auf die kleinsten Bewegungen seines Körpers und machen es so fähig, sie vollkommen zu beherrschen. Niemals wird die Lehrerin diese Stille durch Worte erreichen, sondern nur durch ihre ruhige Sicherheit. Und so mag man in gewissem Sinn in dieser ‚Stille-Lektion' ein Symbol unseres Unterrichtes sehen. Auf diese Weise wird alles gelehrt, selbst Dinge, von denen man glaubt, sie bloß durch Worte zum Bewußtsein bringen zu können.

In unseren Schulen erzieht die Umgebung selbst das Kind. Die Lehrerin hat nur die Aufgabe, das Kind unmittelbar mit der Umgebung in Beziehung zu bringen, indem sie ihm den Gebrauch der verschiedenen Dinge zeigt.

Bei den ‚Lektionen' anderer Methoden geschieht dies nun nicht. Man hört nur kommandieren. Die Lehrerin sagt z. B. einem Kind: ‚Sei ruhig!' ‚Sitz gerade!' Und das sollen ‚erziehende' Worte sein! Wir hingegen glauben nicht an die erziehende Macht des Wortes und des Befehles allein, sondern wir suchen behutsam und dem Kind fast unbewußt seine natürliche Tätigkeit zu leiten. Und das Kind zeigt den Erfolg unserer Bemühungen dadurch an, daß es neue

Fähigkeiten erwirbt und diese durch fleißige Übung aus eigenem Antrieb weiter vervollkommnet. Einem Befehl zu gehorchen, setzt aber schon die Bildung der Persönlichkeit voraus. Mit anderen Worten: Das Kind müßte schon die Fähigkeit erworben haben, reagieren zu können, wie wir es wollen. Übung des Gehorsams muß ausgelöst werden; durch Befehlen kann man ihn nicht erreichen ...

Die Aufgabe der neuen Lehrerin ist schwer. Ich möchte an einige Grundsätze erinnern, die ihr helfen können.

Vor allem muß sie die Polarisation der Aufmerksamkeit erkennen. Ist das Kind in seine ‚große Arbeit' vertieft, so muß die Lehrerin seine Aufmerksamkeit respektieren und es weder mit Loben noch mit Verbessern stören. Manche Lehrerinnen haben sich diesen Grundsatz nur sehr oberflächlich angeeignet. Sie glauben, daß sie nur das Material zu verteilen brauchen, sich dann zurückziehen können und, was immer auch geschehen möge, Schweigen zu bewahren haben. Das Ergebnis ist eine große Unordnung in ihren Klassen. Der Respekt vor der Tätigkeit der Kinder, die sich im ‚Nichteingreifen' äußert, ist nur dann gerechtfertigt, wenn schon ein wesentliches Phänomen im Leben des Kindes eingetreten ist: Wenn es die Fähigkeit erworben hat, seine ganze Aufmerksamkeit auf eine Sache zu konzentrieren und sich ihr hinzugeben, wenn sein Interesse (nicht seine Neugierde) erst einmal geweckt ist. Dieser Respekt ist unberechtigt, wenn die guten Kräfte des Kindes in der Unordnung sich zersplittern.

Einmal sah ich eine ganze Klasse ungeordneter Schüler, die das Material schlecht gebrauchten. Die Lehrerin glitt zwischen ihnen umher, leise und wortlos wie eine Sphinx. Ich fragte sie, ob es für die Kleinen nicht besser wäre, wenn sie im Garten herumsprängen. Darauf ging sie von einem Kind zum anderen und flüsterte jedem etwas ins Ohr. ‚Was machen Sie denn?' fragte ich sie. ‚Ich spreche leise, um sie nicht zu stören.'

Diese Lehrerin war in einem Irrtum befangen: sie hatte Angst, die Unordnung zu stören, anstatt darauf bedacht zu sein, die Ordnung zu ermöglichen.

Eines Tages sagte mir eine Lehrerin: ‚Sie wollen, daß man die Konzentration der Kinder ebenso hoch achtet wie die eines Gelehrten oder Künstlers? Aber warum sagen Sie dann, daß man die Kinder unterbrechen müsse, wenn sie mit dem didaktischen Material tändeln, statt zu arbeiten.' ‚Es ist wahr', erwiderte ich, ‚ich achte die geistige Tätigkeit des Kindes ebenso wie die Inspiration des Künstlers, aber diese Achtung betrifft mehr die Inspiration als den Künstler. Wenn ich z. B. in sein Atelier eintrete und ihn rauchend und kartenspielend antreffe, werde ich mich durchaus nicht scheuen, ihn zu stören und ihm sogar zu sagen: ‚Na, mein Freund, was machen Sie denn da? Das scheint Sie Einsiedler doch ein bißchen zu sehr in Anspruch zu nehmen! Lassen Sie Ihre Pfeife, machen wir einen kleinen Spaziergang und genießen wir die Sonne!'

Unsere Methode empfiehlt gewiß nicht die Achtung vor den Fehlern und Oberflächlichkeiten. Ihre wesentliche Grundlage ist das Unterscheiden-können zwischen den Zuständen des Kindes, die sein geistiges Wohl fördern, und jenen, die nicht aufbauen können, nicht bildend sind oder die seine Entwicklung geradezu schädigen, indem sie seine Kräfte nutzlos vergeuden.

Wir möchten diese Unterscheidung nicht nur den Lehrerinnen, sondern auch den Müttern ans Herz legen." (Maria Montessori, „Dem Leben helfen", S. 61 ff.)

Die Darstellung der Methode und des Verhaltens der „neuen Lehrerin" liest sich ganz selbstverständlich und überzeugend. Warum wird diese Methode dann im Erziehungsalltag nicht zur Selbstverständlichkeit? Es geht darum, daß der Erwachsene sich selbst zurücknimmt und aufmerksam darauf schaut, was die Kinder gerade brauchen.

Die Lehrerin, die den Kindern ein positives Modell vorlebt, wirkt motivierend für die Kinder, zum Beispiel das Lösen von Problemen nicht in Unruhe und Hektik, sondern mit Konzentration und Stille anzugehen. Montessori will nicht, daß das Kind auf Befehle und Kommandos reagiert, sondern den Erfolg unserer Bemühungen dadurch zeigt, daß es neue Fähigkeiten erwirbt und diese durch Übung aus eigenem Antrieb weiter vervollkommnet. Montessori fordert uns damit auch auf, das Kind nicht in eine Art Konsumhaltung zu drängen, in der es uns die bange Frage stellt „Was soll ich jetzt machen?" Vielmehr müssen wir dem Kind die Möglichkeit einräumen, sich in planvollem, zielgerichtetem Handeln zu verwirklichen und aus eigener Motivation aktiv zu sein.

Zur Aufgabe, die Montessori der „neuen Lehrerin" und damit auch allen Erwachsenen zuweist, gehört auch das Respektieren der Aufmerksamkeit des Kindes sowie das Unterscheidenkönnen zwischen den Zuständen des Kindes, die förderlich sind für sein geistiges Wohl und denen, die nicht förderlich sind, die nicht bilden und die kindliche Entwicklung sogar schädigen.

Kinder leisten Außerordentliches

Für Maria Montessori ist das Kind kein kleines minderwertiges Wesen. Sie macht keinen Unterschied, wenn es darum geht, was Kinder und was die Menschheit betrifft.

„Was Kinder betrifft, betrifft die Menschheit. Wir müssen die Erwachsenen zu der Einsicht führen, daß wir die Menschheit nur durch das Kind bessern können. Wir müssen erkennen, daß das Kind der aufbauende Mensch ist. Das Kind ist immer ein Rätsel, eine unbekannte Größe gewesen. Das Ergebnis dieses Unverständnisses ist der erwachsene Mensch mit allen seinen Fehlern und Tugenden, seinen Schwächen und Stärken. Nicht ein Zufall hat die Männer und Frauen von heute aufgebaut. Es war jenes unbekannte Kind, das wir in der Zukunft kennen müssen. Heute können wir die Menschheit nicht verstehen und noch weniger versöhnen in ihrer Unterschiedlichkeit der Ideen und Neigungen; aber wenn wir wissen, wie sie entstanden sind, würden wir sie besser verstehen. Ja, heute stimmt alle Welt darin überein, daß einer den anderen nicht verstehe. Alle haben versucht, Brüderlichkeit zu fördern. Törichterweise meinte man, die Völker würden durch die Schaffung einer allgemeinen Sprache, Esperanto, oder durch den Austausch von Studenten zu einem besseren Verstehen gelangen. Aber ein neuer Krieg kam. Offensichtlich war dies nicht der richtige Weg.

Wenn wir den Menschen verstehen wollen, müssen wir zuerst verstehen, wie dieser Mensch entstanden ist. Nun, wenn es eine Zeit im Leben gibt, in der alle Menschen die gleichen Gedanken haben, die gleiche Sprache sprechen, dann ist es die Zeit der Geburt. Gleich zu welcher Rasse sie gehören, in welchem Teil der Welt sie geboren werden. Neugeborene sind alle gleich. Wenn wir Frieden und gegenseitiges Verständnis erreichen wollen, müssen wir bei dem Augenblick der Geburt beginnen, bei dem Augenblick, in dem alle Menschen gleich sind.

Es gibt eine zweite Phase, in der wir alle gleich sind, und das ist die Periode der Kindheit. Alle menschlichen Wesen folgen in ihrer Entwicklung den gleichen Gesetzen. Es ist kurios, einerlei ob sie Chinesen, Inder, Afrikaner oder Europäer sind: Alle Kinder beginnen in der gleichen Zeit zu sprechen; es könnte keine universalere Übereinstimmung unter Menschen geben. Denken Sie an den Beginn des Sprechens! Es ist ein Wunder, an dem alle teilhaben, die Kinder aller Rassen.

Wie stellte das Kind, das nicht unterrichtet werden konnte, es an, eine Sprache zu erwerben? Wie kam es ohne Lehrer zu den Gedanken und dazu, sie auszudrücken? Woher bekamen die Kinder, die so unbewußt waren, als sie geboren wurden, ihre wunderbare Intelligenz? Wenn wir wirklich die Beziehung zwischen dem Bewußtsein und dem Unterbewußten erkennen wollen, das die Welt der Psychologie heutzutage so sehr interessiert, müssen wir zum Kinde gehen; denn von äußerster Unbewußtheit kommend wird es ein Mensch mit all seinen Ideen und Fähigkeiten. Hier müssen wir Verständnis suchen, hier müssen wir Inspiration und Hoffnung suchen, denn alles beginnt hier. Wir beginnen an dem Punkt, von dem aus alles aufgebaut wird. Wir müssen das Kind von dem Gesichtspunkt der Wunder aus betrachten, die es vollbringt. Kein Aufbauwerk ist großartiger, als das, welches Menschsein schafft. Überraschung und Staunen und der Wunsch, mehr darüber zu wissen, müssen den Menschen erfüllen. Ein neues Interesse muß geboren werden. Das Interesse der Menschen muß sich auf die Leistungen des Kindes konzentrieren, auf seine Wunder.

Worauf ist heute das Interesse der Erziehung konzentriert? Auf die Fehler des Kindes! Die wirkliche Größe des Menschen ist hinter der Geringfügigkeit des kleinen Fehlers verborgen. Der kleine Fehler verbirgt den Riesen. Wir müssen unsere Haltung ändern und viel mehr die Großartigkeit der Leistungen des Kindes sehen als die unbedeutenden trockenen Blätter seiner Fehler, deren Ursache wir sind. Die Mängel des Erwachsenen stammen aus der Zeit der Kindheit. Wenn wir die furchtbaren Fehler des Erwachsenen betrachten, fragen wir uns, warum alle diese wunderbaren Leistungen, die wir in der Kindheit beobachteten, sich nicht beim Erwachsenen fortsetzen. Und dennoch ist der Mensch groß.

Wir brauchen nur auf die Kultur zu schauen, um die Größe zu erkennen, deren der Mensch fähig ist. Aber wir konzentrieren uns auf seine Irrtümer und Fehler und nicht auf seine Größe. Der Fehler steckt in uns selbst. Denken Sie an die vielen Dinge, die der Mensch geschaffen hat, den drahtlosen Funk, um nur eins zu erwähnen. Schauen wir ringsherum: Alles was wir haben, Kleines oder Großes oder Schönes, wurde von irgendeinem Menschen geschaffen. Aber weil wir nach immer mehr verlangen, denken wir nie an den Menschen, der schuf. Er kommt uns gar nicht in den Blick. Obwohl er, was er nur kann, für seinen Komfort zu bekommen sucht, bedenkt der Mensch doch nicht die Größe des Menschen; er schaut nur auf seine Fehler. – Den Menschen als den Schöpfer von allem sehen wir nicht. Deshalb sage ich: Wir müssen in unseren Herzen umdenken; wir müssen die Schöpfungen des Menschen im Mittelpunkt sehen und nicht seine Schwächen.

Die gleiche Haltung müssen wir auch dem Kinde gegenüber haben. Wenn wir das Wunder sehen, daß ein Kind läuft, beachten wir es nicht, weil es alltäglich ist. Dagegen korrigieren wir alle seine kleinen Sündlein. Wieviel voller und reicher würde das Leben sein, wenn wir das Kind in seiner ganzen Größe sähen, seiner ganzen Schönheit, statt auf alle seinen kleinen Fehler zu schauen. Diese erscheinen in unseren Augen so groß, daß sie uns zum Verzagen bringen, weil wir immerzu Niedriges sehen. Unser Ziel aber ist es, das Kind von diesem anderen Blickpunkt, mit diesem Wandel im Herzen zu betrachten; es in allen seinen verschiedenen Phasen zu studieren und in all dem Wunderbaren zu erkennen, wie der Mensch zum Menschen wird durch das Kind, das ihn aufbaut.

Wir müssen zu dieser Entwicklung, zu dieser wunderbaren Kraft die notwendige Hilfe geben. Sie verlangt Herzenswärme, sie verlangt Verstehen. Laßt uns diese Hilfe Erziehung nennen.

Erziehung ist die Hilfe, die wir dem Leben geben müssen, daß es sich in seinen großartigen Kräften entwickeln kann; Hilfe für diese großen Kräfte, welche das bei der Geburt hilflose, unintelligente, meinungslose Kind bis zur Größe des Erwachsenen bringen ...

Bevor wir aber Hilfe geben können, müssen wir verstehen, müssen wir den Weg von der Kindheit zum Erwachsensein verfolgen. Wenn wir verstehen können, können wir helfen. Und diese Hilfe muß das Vorhaben unserer Erziehung sein: Dem Menschen helfen, seine Größe, nicht seine Fehler zu entwickeln." (Maria Montessori, „Dem Leben helfen", S. 81 ff)

Montessori stellt hier die Frage, warum die wunderbaren Leistungen, die wir beim Kind beobachten konnten, sich nicht beim Erwachsenen fortsetzen. Liegt es daran, daß wir uns zu sehr auf Irrtümer und Fehler konzentrieren und nicht auf die wirklichen menschlichen Leistungen und die menschliche Größe? In dem Buch „Dem Leben helfen" sind viele wichtige Aussagen Montessoris zusammengeführt worden. Sie zeigt uns immer wieder deutlich auf, daß Erziehung die Hilfe ist, die wir dem Leben geben müssen, daß es sich entwickeln kann vom hilflosen Säugling bis zur Größe des Erwachsenen.

Diese Hilfe durch Erziehung könnten wir auch mit dem Begriff Motivation überschreiben. Unser Motiv ist es, alles Förderliche für eine gesunde Entwicklung zu tun. Wachsen muß das Kind selbst, wir können es nur durch eine entwicklungsfördernde Umgebung und entsprechendes Handeln der Erwachsenen unterstützen.

Damit dies gelingen kann, gibt uns Montessori viele wichtige Anregungen zu ihrer Methode.

„Früher war es das ausschließliche Ziel der Erziehung, auf das alle ihre Anstrengungen gerichtet waren, das Kind für das soziale Leben, das es einmal zu führen hätte, vorzubereiten. Deshalb war man vor allem darauf bedacht, daß es die Erwachsenen nachahme, man zwang es, die schöpferischen Kräfte seines Geistes unter dem Nachahmungstrieb zu ersticken, man lehrte es vorzugsweise, was zu wissen für unentbehrlich gehalten wurde, um in der zivilisierten Welt zu leben. Diese völlige Angleichung an eine Form des sozialen Lebens, das nicht das natürliche Leben der Kinder ist und welches erst dann das ihre ist, wenn sie erwachsen sind, führte dazu, daß das Kind in der alten Schule und in der alten Form der Familienerziehung nicht nach seinem wahren Wesen eingeschätzt wurde. Das Kind war nur eine ‚Zukunft', es stellte nur ein ‚Werden' dar, deshalb zählte es nicht, bis es ein Erwachsener geworden war.

Und doch ist das Kind – wie alle menschlichen Wesen – eine freie Persönlichkeit. Es trägt in sich die Schönheit und die Würde des schöpferischen Geistes, die durch nichts verwischt werden können, und seine reine und empfängliche Seele bedarf unserer zartesten Fürsorge. Wir dürfen uns nicht nur mit seinem wunderbaren kleinen Leib beschäftigen, und wir dürfen nicht nur daran denken, ihn mit aller Sorgfalt zu nähren, zu waschen und zu kleiden. Der Mensch lebt auch in seiner Kindheit nicht vom Brot allein, und die materiellen Dinge sind zweitrangig und können den Menschen in jedem Lebensalter verderben. Beim Kind begünstigen Sklaverei und Nichtigkeit wie bei allen Menschen die niederen und gemeinen Gefühle.

Die soziale Umgebung, die wir für uns geschaffen haben, paßt nicht für das Kind, es versteht sie nicht; also steht es ihr gezwungenermaßen fern, und da es sich unserer Gesellschaft, von der es ausgeschlossen ist, nicht anpassen kann, wird es der Schule anvertraut, die dann oft zu seinem Gefängnis wird. Wir sind uns heute bereits klar über die verhängnisvolle Wirkung der Schule, in der man mit den alten Methoden unterrichtet. Die Kinder leiden darunter nicht nur körperlich, sondern auch moralisch. Das Problem der Erziehung des Charakters ist von der Schule bisher vernachlässigt worden.

Übrigens herrscht auch innerhalb der Familie der gleiche Grundirrtum: Man denkt ausschließlich an die Zukunft des Kindes, seine künftige Existenz – und man achtet fast niemals auf die Gegenwart, d. h. auf die Dinge, deren es bedarf, um in seiner Altersstufe zu leben ...

Unter allen Bedürfnissen des Kindes vernachlässigt man das menschlichste: die Ansprüche seines Geistes, seiner Seele. Der Mensch im Kinde bleibt uns verborgen. Wir sehen nur die Anstrengungen und alle Energie, deren es bedarf, um sich vor uns – den Erwachsenen – zu schützen: Schreien, Weinen, Launenhaftigkeit, Schüchternheit, Ungehorsam, Lüge, Selbstsucht, Zerstörungswut. Außerdem begehen wir damit aber den noch größeren Irrtum, Verteidigungsmittel als die Wesenszüge des kindlichen Charakters anzusehen. Wir halten es dann für unsere ernste Pflicht, sie mit äußerster Strenge auszumerzen, mit einer Härte, die sich manchmal zu Züchtigungen hinreißen läßt ...

Wenn wir die Mühe, die wir auf das Kind verwenden, um ihm eine Welt, eine geeignete Umgebung zu schaffen, als unbedingte und dringende Notwendigkeit betrachten, dann vollenden wir ein großes Werk zum Nutzen der Menschheit.

Das Kind kann in der komplizierten Welt des Erwachsenen kein ihm gemäßes Leben führen.

Mit seiner ständigen Beaufsichtigung, seinen unausgesetzten Ermahnungen und seinem willkürlichen Befehlen stört und hindert der Erwachsene die Entwicklung des Kindes. Alle aufkeimenden guten Kräfte werden erstickt, nur eines bleibt dem Kind: der heftige Wunsch, sich möglichst von allem und von allen zu befreien. Geben wir also die Rolle des Kerkermeisters auf und bemühen wir uns statt dessen, ihm eine Umgebung zu schaffen, in der man, soweit es irgend möglich ist, darauf verzichtet, es mit Überwachung und Belehrung zu ermüden. Je vollkommener die Umgebung dem Kinde entspricht, desto mehr kann die

Tätigkeit des Belehrenden zurücktreten. Jedoch darf man einen wichtigen Grundsatz nicht vergessen:

Die Freiheit des Kindes kann nicht darin bestehen, daß wir es ‚sich selbst überlassen' oder es gar vernachlässigen. Nicht durch gleichgültige Untätigkeit helfen wir der kindlichen Seele bei allen Schwierigkeiten ihrer Entwicklung, sondern wir müssen ihr mit Umsicht und liebevoller Sorge beistehen.

Wenn wir die Umgebung des Kindes sorgfältig vorbereiten, so ist dies schon eine große Aufgabe, da es sich darum handelt, eine neue Welt zu schaffen: die Welt der Kinder.

Kaum sind die kleinen Gegenstände, die die Kinder wirklich gebrauchen können, vorbereitet, so ordnet sich ihre Tätigkeit in verblüffender Weise. Ihre Willenskraft leitet ihre Bewegungen, sie können ohne Gefahr auf sich selbst gestellt sein, da sie wissen, was sie wollen. Im Kinde lebt ein Bedürfnis, sich zu betätigen, das vielleicht größer ist als dasjenige, sich zu nähren, aber wir erkennen es nicht, weil bis jetzt das geeignete Betätigungsfeld gefehlt hat. Geben wir ihm dieses, so wird aus einem kleinen, unbefriedigten Quälgeist ein fröhlicher Arbeiter. Der sprichwörtliche Zerstörer wird zum sorgsamen Hüter der ihn umgebenden Dinge. Das lärmende, ungeordnete Kind verwandelt sich in ein ruhiges, sehr geordnetes. Fehlen dem Kinde die geeigneten äußeren Mittel, so kann es von den großen Energien, die die Natur ihm verliehen hat, keinen Gebrauch machen. Und doch hat es den instinktiven Drang nach einer Tätigkeit, die alle seine Kräfte in Anspruch nimmt – denn nur so kann es seine Fähigkeiten vervollkommnen. Alles hängt davon ab ...

Die Freude, die die Kleinen beim Arbeiten empfinden, läßt sie alles mit fast übermäßiger Begeisterung vollbringen. Sie polieren eine Türklinke immer wieder, bis sie spiegelblank ist, ja selbst einfachere Arbeiten, wie das Staubwischen oder Fegen machen sie mit einer gewissen Übertreibung. Das, was sie anspornt, ist offenbar nicht das Erreichen eines gesteckten Zieles allein, sondern die Verwertung latenter Energien, und diese bestimmen auch die Dauer ihrer Tätigkeit.

Die steten Wiederholungen machen das Kind glücklich und bringen es geradezu zu ‚Meisterleistungen'. Wir sehen Kinder im zarten Alter sich allein an- und ausziehen, Knöpfe schließen, Knoten knüpfen und Schleifen binden, tadellos den Tisch decken, Teller und Gläser reinigen. Und nicht nur das, der Überschuß der kindlichen Kräfte zeigt sich auch darin, daß ein Kind das gerade Erlernte zum Nutzen derer anwendet, die noch nicht die gleiche Stufe der Fertigkeit erlangt haben. Es knöpft dem kleineren Kinde die Schürze zu, bindet ihm die Schuhbänder und wischt eilig den Fußboden auf, wenn ein anderes Kind die Suppe verschüttet hat ...

Es gibt tiefere Bedürfnisse, bei denen der Mensch allein mit sich selbst sein muß, getrennt von allem und allen, hingegeben einer geheimnisvollen Arbeit. Niemand kann uns helfen, jene innere Abgeschlossenheit zu erreichen, die uns unsere verborgenste, tiefste und ebenso geheimnisvolle wie reiche und volle Welt zugänglich macht. Wenn ein anderer sich einmischt, so unterbricht er und zerstört dadurch. Diese Sammlung, die man durch die Loslösung von der äußeren Welt gewinnt, muß von unserer Seele selbst ausgehen, und die Umgebung kann nur durch Ordnung und Ruhe einen günstigen Einfluß ausüben.

Diesen Zustand der völligen Sammlung treffen wir bei bedeutenden Menschen und auch da nur ausnahmsweise. Sie ist die Quelle innerer Festigkeit. Aus ihr entspringt die Fähigkeit der Großen, die Massen mit besonnener Ruhe und unendlicher Güte zu beeinflussen. Das sind die Menschen, die nach längerer Absonderung von der Welt sich imstande fühlen, die großen Fragen der Menschheit zu lösen und die zugleich mit unendlicher Geduld die Schwächen und Unzulänglichkeiten ihrer Mitmenschen ertragen, selbst wenn sie auf Haß und Verfolgung stoßen. Ferner besteht eine enge Verbindung zwischen der manuellen Arbeit, die im menschlichen Zusammenleben geleistet wird, und der starken Konzentration des Geistes. Obgleich es auf den ersten Blick scheinen will, als ob diese beiden Gegensätze darstellten, sind sie doch in Wirklichkeit eng miteinander verbunden, da die eine die Quelle der anderen ist. Das tägliche Leben begünstigt vermittels geordneter Arbeit die Sammlung, und die verbrauchten Kräfte werden aus der Quelle geistiger Sammlung ständig erneuert, so daß eine fortgesetzte Wechselbeziehung entsteht. Der Mensch, der klar sieht, empfindet die Bedürfnisse des inneren Lebens ebenso, wie der Körper die Bedürfnisse des physischen Lebens, Hunger und Schlaf fühlt. Die Seele, die nicht mehr das Gefühl für ihre geistigen Bedürfnisse hat, ist auf derselben gefährlichen Bahn wie der Körper, der nicht mehr imstande ist, den Hunger oder das Schlafbedürfnis zu spüren.

Aber da wir diese Sammlung, dieses Versenken der Seele in sich selbst auch bei den Kindern finden, so ist es klar, daß es sich nicht um einen Ausnahmezustand bei besonders begabten Menschen, sondern um eine allgemeine Eigenschaft der menschlichen Seele handelt, die sich nur bei wenigen bis ins Erwachsenenalter hinein erhält ...

Die Bedeutsamkeit dieser Beobachtung wurde schon von anderen erkannt, besonders wurde sie aber von mir verwertet. Ich deutete dies als ein Gesetz des Geistes, das die Lösung des Erziehungsproblems möglich macht. Hier berührt man die Wurzeln des Lebens. Offenbar müssen das Prinzip der Ordnung und die Entwicklung des Charakters sowie des Geistes- und Gefühlslebens von dieser geheimnisvollen und verborgenen Quelle ausgehen. Und von nun an war es mein Streben, Übungsgegenstände zu suchen, die die Konzentration ermöglichten; und ferner studierte ich gewissenhaft, welche Umgebung die günstigsten äußeren Bedingungen für diese Konzentration bietet. So begann sich meine Methode aufzubauen.

Hier liegt offenbar der Schlüssel der Pädagogik, diese kostbaren Zustände der Konzentration mit ihrer Wiederholung der Übung zu erkennen und sie zum Lernen all dessen zu nutzen, was die Bildung betrifft: Schreiben, Lesen, Zeichnen, dann Grammatik, Arithmetik, Geometrie, Fremdsprachen. Alle Psychologen sind sich darin einig, daß es nur eine ideale Form des Lernens gibt: tiefstes Interesse und lebhafte und andauernde Aufmerksamkeit.

Nur darauf kommt es an: Die innere Kraft des Kindes für seine Erziehung zu nutzen. Ist dies aber möglich? Es ist nicht nur möglich, es ist notwendig. Um sich zu sammeln, bedarf die Aufmerksamkeit abgestufter Anreize. Im Anfang sind es durch die Sinne leicht zu erkennende Gegenstände: Zylinder verschiedener Größen, Farben, die nach ihrer Schattierung einzureihen, Töne, die zu unterscheiden, mehr oder weniger rauhe Oberflächen, die durch Betasten zu ordnen sind. Aber später haben wir das Alphabet, das Lesen, die Grammatik, das Zeichnen, die schwereren Rechenoperationen, Geschichte und Naturwissenschaften – und so wird das Wissen des Kindes aufgebaut.

Dementsprechend ist auch die Aufgabe der neuen Lehrerin viel feiner und ernster. Sie ist es, die dem Kinde auf seinem Weg zur Bildung und Vervollkommnung helfen oder auch alles zerstören kann. Das schwerste ist es, der Lehrerin beizubringen, daß sie sich selbst auslöschen und auf die Rechte verzichten muß, die ihr früher zukamen, damit das Kind fortschreiten könne: Sie muß verstehen, daß sie keinen unmittelbaren Einfluß auf die Formung und auf die Disziplin der Kinder hat, sie muß ihr ganzes Vertrauen auf die verborgenen Kräfte des Kindes setzen. Gewiß möchte sie immerzu den Kindern Ratschläge erteilen, sie verbessern oder ermuntern und ihnen damit zeigen, daß sie ihnen an Erfahrung und Bildung überlegen ist, aber solange sie sich nicht damit abgefunden hat, daß in ihr jede Eitelkeit verstummen muß, solange kann sie keinen Erfolg haben.

Zum Ausgleich dafür muß sie sich sehr stark indirekt einsetzen: Sie hat voller Verständnis die Umgebung vorzubereiten, das didaktische Material bereitzustellen, das Kind sehr sorgfältig in die Arbeiten des praktischen Lebens einzuführen. Sie muß ferner das den rechten Weg suchende Kind zu unterscheiden wissen von dem, das auf Abwege geraten ist – muß immer ruhig, immer bereit sein zu kommen, sobald sie gerufen wird, um ihre Liebe, ihr Vertrauen zu zeigen. Immer bereit sein, das ist alles." (Maria Montessori, „Dem Leben helfen", S. 39 ff)

Je mehr und je vollkommener die Umgebung dem Kinde entspricht, desto mehr kann der Erwachsene als Belehrender zurücktreten. Anreize, Impulse, Motivation gehen dann von der Umgebung aus. Wenn wir aber das Umfeld und die Umgebung unserer Kinder heute wirklich kritisch betrachten, dann müssen wir erkennen, daß wir weit entfernt sind von dem, was Montessori unter einer vorbereiteten Umgebung, ausgerichtet an den Bedürfnissen des Kindes, versteht.

In vielen ihrer Vorträge weist uns Montessori immer wieder darauf hin, daß die Freiheit des Kindes nicht darin besteht, es sich selbst zu überlassen. Vielmehr hält sie es für eine große Aufgabe, wenn es uns Erwachsenen gelingt, eine Welt zu schaffen, die der Welt der Kinder entspricht. Wenn wir dies erreichen, dann ist es uns auch gelungen, Kinder zu motivieren, und zwar ohne Versprechungen wie „wenn, dann ..." usw., sondern das Kind wird selbst auf Forschungs- und Entdeckungsreise gehen und sich durch uns nicht beirren lassen.

Im Kind steckt das Bedürfnis nach Betätigung. Wenn es das passende Umfeld vorfindet, so wird es aktiv, fröhlich und ausdauernd an der Aufgabe arbeiten. Es langweilt sich nicht, sondern zieht immer wieder neue Motivation aus seinem Tun, den Materialien und Möglichkeiten seiner Umgebung. Der Erwachsene begreift kaum oder nur schwer, welche Faszination für das Kind von der Wiederholung der Tätigkeit ausgeht. Es ist ihm unverständlich, wie das Kind die sauberen Hände immer wieder waschen kann, das staubfreie Regal wieder und wieder abstaubt. Kinder lernen durch Wiederholung. Und sie freuen sich, wenn ihnen etwas gelungen ist. Aus der Wiederholung gewinnt das Kind Sicherheit, Unabhängigkeit, wird in seinem Erfolg bestätigt. Es ist aus freien Stücken aktiv, hat Lust und Freude an der Tätigkeit an sich. Es ist unabhängig von den Vorgaben und Aufgabenstellungen der Erwachsenen. Sollten wir sein Verhalten vielleicht mit den Merkmalen intrinsischer Motivation gleichsetzen?

Selbstvergessenheit, ein In-sich-versunkensein interpretieren wir häufig als Träumerei oder als Realitätsferne. Mit einem solchen vorschnellen Urteil müssen wir vorsichtig sein. Wir sollten Kinder in einer solchen Situation ganz besonders intensiv beobachten und versuchen, sie zu entdecken, zu erkennen, und Wege der kindlichen Aktivitäten und des Lernens wahrnehmen. Gleich, ob in Familie, Kindergarten oder Schule, könnten wir aus solchen Beobachtungen wertvolle Konsequenzen ziehen und dem Kind besser und treffsichere Hilfestellung geben.

Umdenken in der Familie

Die Diskussion über Ansichten in der Erziehung ist so alt wie die Menschheit selbst. So ist es auch nicht verwunderlich, daß es nicht nur Befürworter der Pädagogik Maria Montessoris gibt. Sie verlangt von allen Erwachsenen ein Umdenken, und was sie uns unter der Überschrift „Das Kind in der Familie" mitteilt, gilt auch für Lehrer und Erzieher:

„Das Kind in der Familie"

„Unsere Ansichten über die Erziehung des Kindes waren früher unnatürlich und voll von Vorurteilen. Man versucht heute, sie durch positivere zu ersetzen, die aus der unmittelbaren Beobachtung stammen. Wenn man bedenkt, welchen Erfolg die Methode der Beobachtung auf allen Gebieten davongetragen hat, folgt daraus, daß sie auch die pädagogische Verhaltensweise ändern wird. Die neue Erziehung, die das Kind viel beobachtet, bevor sie wagt, es erziehen zu wollen, soll endlich auch in die Familie eindringen und hier nicht nur ein neues Kind, sondern auch neue Väter und Mütter schaffen.

Bisher war es die Hauptsorge der Eltern, ihren Kindern Unarten abzugewöhnen und sie zu lehren, was sie selber für gut und richtig hielten; vor allem durch ihr Beispiel, aber auch durch gute Lehren und Ermahnungen und wenn diese nicht halfen, durch Bestrafungen und Belohnungen. Ja, wir glauben, daß niemand eher ein Anrecht darauf habe, die Strafe als Erziehungsmittel zu verwenden, als die Familie. So sind also die Eltern mit zwei ungeheuren Lasten beladen: Sie besitzen ihren hilflosen Kindern gegenüber eine beispiellose Macht und Autorität, und sie sollen dauernd ein gutes Vorbild sein. Vater und Mutter wissen sehr wohl, daß ihre Kinder durch sie gut oder böse werden können. Man sagt deshalb oft, daß die Mutter auf ihren Knien die Zukunft des Vaterlandes wiege. Trotzdem sind weder Vater noch Mutter auf diese schwere Aufgabe vorbereitet. Gewiß hat die Mutter in ihrer Jugend an sich selber erfahren, daß Übung notwendig sei, um einen Knopf gut annähen zu können, aber sie hat sich wahrscheinlich niemals gefragt, wie man ein Kind erziehen müsse. Auch der Vater hat als Kind durch wiederholte Übung gelernt, einen Bleistift zu spitzen, aber er hat sich wohl nie der Mühe unterzogen, darüber nachzudenken, wie man einen Charakter bildet, und hat sich wohl niemals bemüht, ein Kind zu beobachten. Infolgedessen ist diese verantwortungsvolle Aufgabe oft, und zwar ganz willkürlich, dem Zufall oder dem guten Willen überlassen oder auch Erfahrungen, die inzwischen sinnlos geworden sind.

Außerdem ist es schwer, mit einem Male ein vollendetes Vorbild zu werden, so vollendet, daß es wert ist, von den Kindern nachgeahmt zu werden. Bis zu dem Augenblick, da ein neues, unschuldiges Leben in der Familie aufblühte, hatten Vater und Mutter sich bemüht, ihre eigenen Fehler zu erkennen. In ihren Unzulänglichkeiten erkannten sie sich als unvollkommene Wesen. Nun erhalten sie plötzlich eine neue Aufgabe: die Pflicht, vollkommen zu sein. Sie sollen ihre Kinder mit bewußter Autorität erziehen; sie sind verpflichtet, deren Fehler zu berichtigen, sie durch Strafe und vor allem durch das leuchtende Beispiel ihrer eigenen Vollkommenheit zu bessern. Dies schafft eine Lage, die wir hier nicht ausführlich erörtern wollen; kennt doch jeder die Schwierigkeiten und Widersprüche, zu denen sie im Leben führt ...

Manche Eltern verlangen, daß die Kinder sich ihren Anordnungen widerspruchslos fügen, wollen aber zugleich die volle Liebe ihrer Kinder besitzen. Hier werden zuweilen die Kinder die Lehrmeister ihrer Eltern, denn ihre Gedanken sind klar und rein und ihre Gefühle unglaublich gerecht. Eines Abends wollte eine gute und liebevolle Frau ihren Jungen zu Bett schicken. Er bat sie, noch eine Arbeit fertigmachen zu dürfen, die er angefangen hatte. Die Mutter aber wollte nicht nachgeben. Der Junge tat so, als ob er schlafen ginge, später aber stand er auf, um seine Arbeit zu vollenden. Die Mutter überraschte ihn dabei und machte ihm heftige Vorwürfe, daß er sie getäuscht habe. ‚Ich habe dich nicht getäuscht', sagte der Junge, ‚im Gegenteil, ich hatte dir doch gleich gesagt, daß ich diese Arbeit fertigmachen will.' Um das Gespräch abzubrechen, befahl die Mutter dem Kinde, sie um Verzeihung zu bitten. Aber das Kind beharrte darauf, über das Wort ‚täuschen' zu diskutieren – ebenso wie es vorher nicht hatte von seiner Arbeit lassen können – und fuhr fort zu erklären, daß es niemand ‚getäuscht' habe und daher auch niemand um Verzeihung zu bitten brauche. ‚So', sagte die Mutter, ‚jetzt sehe ich, daß du mich nicht lieb hast.' ‚Aber Mutter', widersprach das Kind, ‚ich habe dich sehr lieb, aber ich kann dich nicht um Verzeihung bitten, wenn ich im Recht bin.' ...

Dieses Mißverständnis zwischen unseren Forderungen an das Kind und unserer eigenen Unzulänglichkeit, selbst diesen Forderungen zu entsprechen, bringt uns den Kindern gegenüber in eine schiefe Lage und führt immer wieder zu Konflikten, die schließlich zu einem wahren Kampf zwischen Eltern und Kindern werden. Ein Abgrund klafft zwischen ihnen, der sie immer mehr hindert, einander zu verstehen. Natürlich triumphiert in diesem Kampf der Stärkere. Oft gelingt es dem Erwachsenen nicht, seinen kleinen Gegner unterzukriegen, solange er sich nur an die Mittel der Überredung hält, einfach, weil er im Unrecht ist. In solchen Fällen versuchen die Eltern, die heikle Situation durch ihre Autorität zu klären. Sie *erzwingen* den Gehorsam der Kinder, sich selbst aber geben sie dabei den Anschein der Vollkommenheit. Haben sie diesen Sieg errungen, so sichern sie ihn, indem sie ihren Kindern Schweigen befehlen, und so ist der ‚Friede' gesichert. Die Kinder aber verlieren das Vertrauen zu ihren Eltern und können sich ihnen gegenüber nicht mehr aufschließen. Ihre stärksten und tiefsten Bedürfnisse werden zurückgedrängt. In der Folge treten bestimmte charakteristische Reaktionen bei den Kindern auf, oder es entstehen durch Anpassung an das falsche Verhalten der Erwachsenen psychische Spannungen, die sich manchmal zu wirklichen Krankheiten verschärfen können. So häufig sind diese Schäden, daß sie von vielen als zum Charakter des Kindes gehörende Eigenschaften angesehen werden, und doch sind es nur Verteidigungs- und Abwehrreaktionen, z. B. die Schüchternheit, die bewußte Lüge, die einen dummen Streich verbirgt und eine Form der Feigheit ist. Auch die Furcht wird wie die Lüge von der passiven Unterwerfung verursacht, nur ist sie viel folgenschwerer, da sie eine Verwirrung der Vorstellungen und Gefühle im Unbewußten erzeugt. Sie erscheint bei Kindern, denen die Möglichkeit einer ruhigen inneren Entwicklung gefehlt hat. Zu diesen Übeln gehört auch die willenlose Nachahmung, die eher eine Eingangspforte für moralische Infektionen ist als ein Mittel zur Weiterbildung und Entwicklung; denn man vervollkommnet sich nicht durch das Beobachten anderer, sondern lediglich durch die eigene Übung. Wünsche, die im kleinen Kinde unterdrückt werden, bleiben verborgen zurück wie faulige Ablagerungen im Grund eines stehenden Teiches, und das Kind ist nie imstande, sie richtig einzuschätzen, weil es sie nie verwirklichen konnte; es kann sie auch nicht beherrschen, weil es nie Gelegenheit hatte, ihrer Herr zu werden: Immer vorhanden, ziehen sie es nach und nach herab und verlocken durch eine heimliche Neugierde zur Nachahmung. Oft erstickt der Erwachsene den dem Kind innewohnenden Tätigkeitstrieb und hindert es zu ‚leben‘, etwas Nützliches zu tun, sich großen Anstrengungen zu unterwerfen; mit einem Wort: Er behindert den Drang, seinen Geist nach den natürlichen Gesetzen zu entwickeln. Dadurch kommt die kindliche Aktivität in falsche Bahnen, sie wendet sich tausend unnützen Dingen zu, Spielsachen und Nichtigkeiten, denen ein wirkliches Ziel fehlt. Eine unbewußte Entmutigung, die in unseliger Weise lähmend wirkt, hat ein Wesen, das bestimmt war, alle Hindernisse der Welt zu überwinden, dahin gebracht, resigniert in Untätigkeit und Trägheit zu verfallen.

Die Schwingen seines fröhlichen und gesunden Dranges nach Tätigkeit sind beschnitten, die natürlichste seiner Lebensäußerungen – sich zu betätigen – ist ihm verwehrt. Seine Phantasie verweilt nicht bei Dingen, die es zu beschäftigen geeignet wären, sondern schweift sinnlos und irr umher, vergeblich nach einem Ruhepunkt in der Außenwelt suchend. So entsteht beim Kinde nur deshalb, weil ihm die Wirklichkeit in allen ihren Erscheinungsformen verhüllt bleibt, eine krankhafte und nur in der Einbildung bestehende Form des Lebens, die es in eine vollkommen unwirkliche Welt hineinzieht.

Doch seine Seele wehrt und empört sich dauernd. Wie bei allen, die ohnmächtig sind, äußert sich diese Abwehr von Zeit zu Zeit in nervösen Ausbrüchen, in Launen, Eigensinn, Tränen und Krämpfen. Ist das Kind gesund veranlagt, so nimmt es seine Zuflucht zu allerhand Lausbübereien, die meist nur eine andere Art der Auflehnung darstellen: eine anmaßende und überlegte Auflehnung, die statt eigener Energien die Kräfte der anderen verbraucht und sie durch Sticheleien und Bosheiten entnervt, wie sie eben nur eine unbeschäftigte Phantasie auszudenken vermag. So kommt es, daß diese kleinen Aufrührer ihre gesamte Umgebung zur Verzweiflung bringen können und unter den anderen Kindern immer Anhänger und Nachahmer finden. Übrigens würde sich auch der Erwachsene einem Feind gegenüber nicht anders verhalten, der in sein eigenes, geheiligtes Gebiet eindringt und sich anmaßt, ihm dort Gesetze zu diktieren, ohne aber imstande zu sein, die List des Wehrlosen, Besiegten zu unterdrücken.

Das Nervensystem des Kindes leidet unter diesem Kampf, und heute beginnen die Ärzte die Tatsache aufzuzeigen, daß die innerste Ursache vieler nervöser Krankheiten die Unterdrückung während der Kindheit ist. Oft zeigen schon Kinder gefährliche Symptome, wie Schlaflosigkeit, nächtliche Angstzustände, Verdauungsstörungen, manchmal auch Stottern. Alle diese Übel haben die selbe Ursache.

Die Eltern bemühen sich redlich, die nervösen Krankheiten ihrer Kinder zu heilen, ebenso wie sie sich bemühen, deren Charakterfehler zu bessern. Ihre besten Kräfte erschöpfen sich darin, diese Übel zu beseitigen, die sie selbst verursacht haben und unter denen später oft noch die Erwachsenen leiden.

An alledem ist die Unterdrückung schuld, die eingehüllt ist in den Mantel der Liebe. Sie hat dem Kinde bisher seine eigenen Bedürfnisse verdeckt...

Die neue Erziehung besteht aber nicht bloß in der Vorbereitung einer dem Kinde angepaßten Umgebung und in der allgemeinen Erkenntnis, daß das Kind die Arbeit und Ordnung an und für sich liebt; wir müssen es auch beobachten, um die Manifestationen seines sich erschließenden Geistes zu erkennen. Der neue Weg ist der Weg des Geistes, der auf die älteren Errungenschaften, die die Gesundheit des Körpers sichern, nicht verzichtet, sondern sie einbezieht und einem weiteren Fortschritt nutzbar macht. Bei allem aber bleibt uns das psychologische Moment die Hauptsache; dies ist das Geheimnis der neuen Erziehung.

Ich will versuchen, die Grundsätze aufzuzählen, die der Mutter helfen könnten, den richtigen Weg zu finden.

Die Hauptsache ist: *Man muß alle Formen der vernünftigen Betätigung des Kindes achten und sie zu verstehen suchen.*

Im allgemeinen bemerkt man diese Aktivitäten nicht, die jene innere Macht enthüllen, durch die das Kind seine bildenden Kräfte entwickelt. Wenn man von Tätigkeit spricht, denkt man an etwas Faßbares, das man beobachtet hat und das unser passives Bewußtsein berührt hat. Es kann sich dabei um eine negative Reaktion des Kindes handeln, eine Abweichung aufgrund mangelnder Übung, oder aber um eine Umlenkung von Energien, die Gefahr liefen, erstickt zu werden. Die Zeichen geistiger Selbsttätigkeit sind von sehr feiner Natur – man muß sich mit Glauben und Liebe darauf vorbereiten, sie zu erkennen, bevor man sie respektieren kann. Auf diese Weise werden die Eltern anfangen, den richtigen Weg einzuschlagen und zu lernen, diese natürlichen Erscheinungen genau zu beobachten; diese Beobachtung hat in der Wissenschaft schon zu zahlreichen Erkenntnissen geführt, die uns Geheimnisse des Lebens aufgedeckt haben ...

Der zweite Grundsatz lautet: *Man muß den Tätigkeitsdrang des Kindes so weit wie möglich unterstützen, es nicht bedienen, sondern zur Selbständigkeit erziehen.*

Bislang galten die ersten Worte und die ersten Schritte immer als sichtbare und fast symbolische Meilensteine in der Entwicklung des Kindes, und in ihnen sah man die grundlegenden Fortschritte. Die ersten Worte bedeuten die Entwicklung der Sprechfähigkeit, die ersten Schritte die Entwicklung zur Fähigkeit des Aufrechtgehens. Deshalb sind es äußerst wichtige Familienereignisse, und die verständige und kluge Mutter trägt diese wichtigen Daten in ihr Tagebuch ein.

Aber Gehen und Sprechen sind sehr schwierige Errungenschaften. Es bedarf vieler Anstrengungen, ehe es dem Kinde gelingt, sein kleines, gedrungenes Körperchen mit dem zu großen Kopf im Gleichgewicht zu halten und auf den kurzen Beinchen aufrecht stehen zu bleiben. Auch die Sprache ist ein sehr schwieriges und höchst kompliziertes Ausdrucksmittel. Die Anstrengungen, die zu diesen beiden Leistungen führen, können gewiß nicht die ersten im Leben des Kindes sein. Sein Intellekt und sein Gleichgewichtssinn müssen schon einen langen Weg zurückgelegt haben, und Sprache und aufrechter Gang sind dabei nur die auffälligsten Etappen. Doch auch der Weg, der durchlaufen wurde, ehe es zu diesen Leistungen kam, verdient unsere ganze Aufmerksamkeit. Zwar entwickelt sich das Kind gemäß der Natur, aber eben deswegen bedarf es der Übung. Fehlt ihm diese, dann bleibt seine Intelligenz auf einer niederen Stufe, ja, es gibt fast eine Art Stillstand in der Entwicklung jener Kinder, die von klein auf in all ihren Bewegungen gegängelt und gelenkt wurden ...

Der dritte Grundsatz lautet: *Das Kind ist äußerlichen Einwirkungen gegenüber viel empfänglicher, als wir glauben; wir müssen in unseren Beziehungen zu ihm sehr behutsam sein.*

Haben wir nicht genug Erfahrung oder nicht genug Liebe, um all die feinen und zarten Äußerungen des kindlichen Lebens sehen zu können, und verstehen wir es nicht, sie genügend zu achten, so werden wir ihrer erst gewahr, wenn sie sich gewaltsam äußern. Meistens bemerken wir erst dann, daß wir ein Bedürfnis des Kindes nicht befriedigt haben, wenn uns seine Tränen darauf aufmerksam machen, und dann beeilen wir uns, den kleinen Weinenden zu trösten.

Manche Eltern haben andere pädagogische Grundsätze: Sie schenken den Tränen keine Beachtung, weil sie aus Erfahrung wissen, daß das Kind schließlich von selbst zu weinen aufhört und sich beruhigt. Durch unser liebevolles Eingehen auf seine Schmerzen – so sagen die Eltern – würde das Kind nur verdorben. Es gewöhne sich daran und werde absichtlich weinen, nur um getröstet zu werden, so werde der Erwachsene zum Sklaven des verzogenen Kindes." (Maria Montessori, „Dem Leben helfen", S. 13ff)

Wenn wir ehrlich in uns gehen, dann müssen wir feststellen, daß Montessori recht hat, wenn sie sagt, daß der Erwachsene den dem Kinde innewohnenden Tätigkeitstrieb erstickt und es hindert, etwas Nützliches zu tun. Die Aktivitäten von Kindern sind uns oft lästig. Es dauert uns zu lange, bis das Kind, das gerade Laufen gelernt hat, eine kurze Wegstrecke zurücklegt. Also packen wir es in den Kinderwagen oder tragen es. Das Kind jedoch wollte sich üben, wollte das neu Gelernte vertiefen, trainieren und wieder ein Stück Freiheit vom Erwachsenen gewinnen. Die Erfahrung „Ich kann laufen", hat das Kind so stark motiviert, daß es noch mehr, noch sicherer, noch besser laufen möchte. Wir zerstören seine Motivation. Zu einem späteren Zeitpunkt wollen wir es dann künstlich motivieren, mit uns eine Wanderung zu unternehmen. Wir beschreiben ihm ein verlockendes Ziel, aber der Erfolg bleibt aus. Es mußte sich unserem Willen beugen und hat Ohnmacht verspürt. Es mag sich anfangs noch wehren, gibt aber dann auf. Leider erkennen die Erwachsenen viel zu wenig, wie negativ sich ihr Erziehungsverhalten auf die Entwicklung des Kindes auswirken kann.

Montessori nennt uns Grundsätze, die es zu beachten gilt. Und diese können sich Mütter, Väter, Lehrer und Erzieher zu Herzen nehmen. Auf das Kind einzugehen heißt nicht, daß wir zum Sklaven des Kindes werden. Es heißt vielmehr, daß wir bereit sind, auch vom Kind zu lernen, es als Lehrmeister zu akzeptieren. Wir brauchen dazu Zeit, Einfühlungsvermögen und Geduld, um das Kind zu beobachten. Wir müssen es erkennen und müssen entdecken, was in ihm steckt. Dann können wir auch seine Ressourcen aufdecken. Beherzigen wir dies, wird es immer weniger geschehen, daß seine Energie und sein Tätigkeitsdrang im Keim erstickt werden. Es geht also auch darum, daß wir uns von dem Kind „richtig motivieren" lassen. Das dürfte allerdings den Kindern sehr schwer mit uns fallen. Wir sind meistens zu ungeduldig, nicht bereit, Stille zu genießen und uns ganz der Polarisation der Aufmerksamkeit hinzugeben. Vielleicht sollten wir wieder häufiger spielen, in ein Spiel versinken und wütend werden, wenn jemand unser Spiel unterbricht. Ob uns das helfen könnte, Kinder besser zu verstehen?

Stufenweises Lernen

Montessori legt größten Wert auf die Einführung ihrer Materialien. Geschieht diese Einführung in der richtigen Art und Weise, wird vom Material aus auch die entsprechende Motivation ausgehen. Wenn sich das Kind auf nur ein Material konzentrieren kann, erfährt es keine Ablenkung. Zeigt ihm der Erwachsene, wie man damit umgeht, so kann das Kind schnell zur Eigenaktivität gelangen und seine volle Aufmerksamkeit auf das Material lenken. Damit verhindert man auch den falschen Gebrauch und mögliche Fehlentwicklungen.

Da sich eventuelle Fehler vom Kind her selbst kontrollieren lassen – durch die „eigene Fehlerkontrolle" des Materials – zum Beispiel wenn paarweises Material nicht zusammen geht, Zylinder nicht korrekt in die Zylinderblöcke eingeordnet sind –, erlangt das Kind Selbständigkeit und Unabhängigkeit. Das Kind gewinnt Freude an der nützlichen Tätigkeit und wird sie auch zu einem guten Abschluß bringen. Anfangs muß man das Kind noch unterstützten, damit das Material ordentlich an seinen Ursprungsplatz zurückgebracht wird.

Der Bereich der Sprache ist bei der Einführung ebenso von Bedeutung wie die Lektionen der drei Zeiten bzw. die Drei-Stufen-Lektion. Wenn dem Kind diese Vorgehensweise vertraut ist, wird es auch bei der Einführung weiterer Materialien von sich aus, also eigenmotiviert, entsprechend vorgehen wollen.

„Erste Periode: Einführung

Isolierung des Gegenstandes. – Wenn die Lehrerin die Lektion gibt oder einem Kind beim Gebrauch des Sinnesmaterials behilflich sein will, muß sie sich vor Augen halten, daß die *Aufmerksamkeit* des Kindes vor allem isoliert werden soll, was nicht Gegenstand der Lektion ist. Deshalb wird sie darauf achten, daß sie einen ganz leeren Tisch aufstellt und ausschließlich das Material darauflegt, das sie vorführen will.

Exakte Ausführung. – Die Hilfe, welche die Lehrerin geben soll, besteht darin, dem Kind das Material vorzulegen, um ihm zu zeigen, wie man es benutzt, und dabei selbst ein- oder zweimal die Übung zu machen, zum Beispiel die kleinen Zylinder in die Blöcke einsetzen, sie wieder mischen und für neue Versuche bereitlegen; oder die Farbspulen mischen, die dann paarweise zusammengelegt werden sollen, irgendeine davon richtig in die Hand nehmen, um die Seide nicht zu berühren, die gleichfarbige Spule danebenlegen, und so fort.

Wecken der Aufmerksamkeit. – Jedesmal, wenn die Lehrerin dem Kind den Gegenstand reicht, tut sie dies nicht gleichgültig, sondern mit lebhaftem Interesse und lenkt dabei die Aufmerksamkeit des Kindes darauf.

Verhinderung des falschen Gebrauchs. – Sieht die Lehrerin, daß ein Material so benutzt wird, daß es seinen Zweck verfehlt, also keinen Gewinn für die Entwicklung des kindlichen Verstandes bringt, so muß sie seine Weiterbenutzung verhindern, allerdings mit größter Sanftmut, wenn das Kind ruhig und in guter seelischer Verfassung ist; zeigt es jedoch einen Willen zur Unordnung, dann verbietet die Lehrerin sie ruhig und energisch, nicht so, daß es wie eine Strafe für den Lärm oder die Unordnung aussieht, sondern so, daß sie sich dem Kind gegenüber nachdrücklich durchsetzt.

In der Tat wird die Autorität in einem solchen Fall zur notwendigen ‚Stütze' für das Kind, denn, da es sich wegen einer momentanen Unausgeglichenheit in einem Zustand von Unordnung befindet, braucht es eine Kraft, an die es sich klammern kann, genau wie jemand, der gestolpert ist, sich auf etwas stützen muß, um nicht zu fallen. Die *Hilfe* besteht in diesem Augenblick darin, ‚die freundliche Hand des Starken' dem ‚Schwachen' entgegenzustrecken.

‚Arbeitet' das Kind jedoch, so ist es wie ein Mensch im vollkommenen Gleichgewicht und hat das Material, das es braucht, um sich zu üben; genau wie der Körper, der nach Vervollkommnung strebt, eine Turnhalle benötigen würde. Wir müssen deutlich zwischen zwei Arten von Fehlern unterscheiden, die das Kind begehen kann:

– *der Fehler, der sich vom Material her kontrollieren läßt* und daher rührt, daß das Kind trotz allem guten Willen, eine ihm wohlbekannte Übung genau auszuführen, wegen seiner Unreife noch nicht in der Lage ist, sie vollkommen zu Ende zu bringen, die verschiedenen Reize nicht mit den Sinnen unterscheidet, bestimmte Bewegungen nicht ausführen kann, deren Mechanismen es noch nicht gut entwickelt hat. Zum Beispiel irrt es sich beim Einsetzen der Zylinder in die Öffnungen, weil es ihre Unterschiede nicht erfaßt, oder aus einem ähnlichen Grund einen großen Würfel beim Bau des Türmchens auf einen kleineren setzt usw.

Diese Irrtümer werden vom Material kontrolliert, da es nicht erlaubt, den Fehler versehentlich fortzusetzen; ihre Korrektur kann nur durch eine Vervollkommnung des Kindes erfolgen – also durch die ‚Veränderung', die sich aus einer langen richtigen Übung mit dem Material ergibt. Solche Fehler gehören in die wohlbekannte Gruppe, die besagt, man ‚lerne durch Fehler'. Sie werden durch *guten Willen* mit Hilfe des sich von außen anbietenden Materials beseitigt.

– Der andere Fehler geht auf Unartigkeit infolge unsorgfältigen Unterrichts zurück, wie zum Beispiel, wenn der ganze Block mit den Zylindern wie ein Kärrchen gezogen oder Häuser mit den farbigen Seidenspulen gebaut werden, oder wenn die Kinder auf den in eine Reihe gelegten Stangen laufen, sich einen Schnürrahmen wie eine Kette um den Hals legen und so fort. Eine mißbräuchliche Benutzung des Materials, sei es durch Unordnung oder für andere Bedürfnisse als die, welche es befriedigen kann, macht es nutzlos. Daraus ergibt sich eine Zersplitterung der Energie, Lärm: lauter Dinge, die das Kind von der Möglichkeit, sich zu konzentrieren, also von dem Ziel, besser zu werden und sich zu entwickeln, ablenken. Dann ist es, als würde eine physische Blutung den Lebenssaft entrinnen lassen, der sich im Herzen konzentrieren muß, um Gesundheit und Leben zu erhalten. Bei den oben genannten Fehlern läßt sich nicht behaupten, man würde ‚durch Fehler lernen', sondern je länger dieser Fehler andauert, desto weiter entfernt sich die Möglichkeit zu lernen.

Hier muß dann die Lehrerin mit ihrer Autorität eingreifen, um der kleinen gefährdeten Seele beizustehen, um ihr bald sanft, bald energisch behilflich zu sein.

Achtung vor der nützlichen Tätigkeit. – Gebraucht das Kind jedoch das Material so, daß es genau nachahmt, was es von der Lehrerin gelernt hat, oder auch auf eine andere von ihm selbst ausgedachte Art, allerdings mit Abänderungen, die auf Arbeit des Verstandes schließen lassen, wendet es das Material so an, daß dieses einen günstigen Einfluß auf seine Entwicklung hat, dann läßt die Lehrerin das Kind dieselbe Übung so oft wiederholen oder seine Bemühungen und Versuche so lange durchführen, wie es dies wünscht, *ohne* es in seiner Tätigkeit jemals *zu unterbrechen*, weder um seine kleinen Fehler zu verbessern, noch um die Arbeit abzubrechen, aus Furcht, sie würde es ermüden.

Guter Abschluß. – Wenn das Kind jedoch spontan seine Übung aufgibt – also wenn der Schwung erschöpft ist, der es dazu trieb, sich dem Gebrauch des Materials hinzugeben – kann, ja vielmehr muß die Lehrerin eingreifen, damit das Kind das Material auf seinen Platz zurückbringt, und zwar so, daß jeder Gegenstand wieder ganz ordentlich hingelegt wird.

Zweite Periode: Die Lektionen

Während der zweiten Zeitspanne *greift* die Lehrerin *ein*, um die Gedanken des Kindes besser zu lenken, das nach der Einführung bereits viele Übungen hinter sich gebracht hat und dem es gelungen ist, die Unterschiede zu erkennen, die das Sinnesmaterial aufweist.

Der hauptsächliche Eingriff besteht darin, eine genaue Nomenklatur zu lehren.

So wird dem Kind dazu verholfen, sich eine korrekte Sprache anzueignen, die sich in diesem zarten Alter leicht formen läßt. In unserer Methode soll eine der delikatesten Aufgaben der Lehrerin darin bestehen, die genau passenden Wörter der Sprache zu nennen, die der Vorstellung entsprechen, die das Material im Geist des Kindes fixieren soll. Wenn sie diese exakten Wörter benutzt, spricht die Lehrerin sie korrekt und deutlich so aus, daß sie dabei die sie bildenden Laute silbenweise sagt, ohne sich jedoch einer ungewöhnlichen Sprechweise zu bedienen, also ohne die geringste Übertreibung.

Die Lektion der drei Zeiten

Zu diesem Zweck hielt ich auch für normale Kinder die Lektion der drei Zeiten für ausgezeichnet – die Séguin gebrauchte, um beim geistig zurückgebliebenen Kind die Assoziation zwischen einer Vorstellung und dem entsprechenden Wort zu erhalten. Diese Lektion wurde in unseren Schulen übernommen.

1. Zeit: Assoziation von Sinneswahrnehmung und Namen: Die Lehrerin muß zunächst die erforderlichen Namen und Adjektive aussprechen, ohne mehr hinzuzufügen, und zwar indem sie die Wörter unmißverständlich mit lauter Stimme so ausspricht, daß die verschiedenen sich bildenden Laute vom Kind klar und deutlich wahrgenommen werden.

So sagt sie zum Beispiel bei den ersten Sinnesübungen, wenn sie glattes und rauhes Papier anfassen läßt: ‚Das ist glatt', ‚das ist rauh', wiederholt dabei auch mehrmals das Wort und wechselt dabei die Tonlage und achtet immer auf klare Vokallaute und deutliche Aussprache: ‚glatt, glatt, glatt', ‚rauh, rauh, rauh.'

So sagt sie bei Wärmeempfindungen: ‚Das ist kalt', ‚das ist warm' und dann: ‚Das ist eisig', ‚das ist lauwarm', ‚das ist ganz heiß.'

Dann beginnt sie den Oberbegriff ‚Wärme', ‚mehr Wärme', ‚weniger Wärme' usw. zu gebrauchen.

Da der Nomenklatur-Unterricht darin bestehen soll, die Assoziation des Namens mit dem Gegenstand hervorzurufen oder mit dem abstrakten Gedanken, den der Name selbst bedeutet, dürfen ausschließlich *Gegenstand* und *Name* das Bewußtsein des Kindes erreichen. Deshalb darf außer dem Namen kein Wort ausgesprochen werden.

2. *Zeit: Wiedererkennen des dem Namen entsprechenden Gegenstandes:* Die Lehrerin muß sich immer überzeugen, ob ihr Unterricht auch das gesteckte Ziel erreicht hat.

Die erste Probe besteht darin, nachzuprüfen, ob die Gedankenassoziation zwischen Namen und Gegenstand im Bewußtsein des Kindes haften geblieben ist. Deshalb sollte die Lehrerin die dazu erforderliche Zeit verstreichen lassen, also zwischen Lektion und Probe einige Augenblicke des Schweigens einlegen. Danach fragt sie das Kind langsam: ‚Welches ist *glatt?*', ‚welches ist *rauh?*', wobei sie nur den von ihr gelehrten Namen (oder das Adjektiv) ganz deutlich ausspricht.

Das Kind zeigt mit dem Finger auf den Gegenstand, und so weiß die Lehrerin, ob die Assoziation stattfand.

Dieser zweite Abschnitt ist der allerwichtigste. Er enthält die wirkliche Lektion, die wirkliche Gedächtnis- und

Assoziationshilfe. Stellt die Lehrerin fest, daß das Kind mitgeht, verstanden hat und interessiert ist, dann wiederholt sie viele Male dieselben Fragen: ‚Welches ist glatt?', ‚welches ist rauh?'

Durch ihre häufige Wiederholung der Frage nennt die Lehrerin wieder und wieder den Namen, an den sich das Kind schließlich erinnert; jedesmal, wenn die Frage neu gestellt wird und es sie durch Zeigen auf den Gegenstand beantwortet, wiederholt es die Übung, mit ihm das Wort zu assoziieren, das es nun lernt und fixiert. Merkt die Lehrerin jedoch gleich zu Beginn, daß das Kind nicht dazu aufgelegt ist, ihr Aufmerksamkeit zu schenken, und antwortet, ohne sich die geringste Mühe zu geben, es richtig zu machen, dann soll sie, anstatt das Kind zu korrigieren und hartnäckig weiterzumachen, die Lektion abbrechen, um sie zu einem Zeitpunkt, an einem anderen Tag erneut zu geben. Ja, warum sollte sie es korrigieren? Ist es dem Kind nicht gelungen, Name und Gegenstand miteinander zu assoziieren, so liegt die einzige Möglichkeit zum Erfolg darin, sowohl die Aktion des Sinnesreizes wie auch den Namen zu *wiederholen,* also die Lektion zu wiederholen. Wenn sich das Kind allerdings geirrt hat, so bedeutet dies, daß es in diesem Moment nicht zu der psychischen Assoziation bereit war, die in ihm hervorgerufen werden sollte; folglich ist ein anderer Augenblick zu wählen.

Würden wir dann beim Korrigieren zum Beispiel sagen: ‚Nein, du hast dich geirrt, es ist so', dann würden – da es sich um einen Vorwurf handelt – all diese Wörter das Kind stärker beeindrucken als die anderen (zum Beispiel glatt, rauh), im Geiste des Kindes haften bleiben und so das Erlernen der Namen verzögern. Das auf den Irrtum folgende Schweigen läßt hingegen den Bereich des kindlichen Bewußtseins intakt, und die nächste Lektion kann dann wirkungsvoll die erste *überlagern.*

3. Zeit: Erinnern an den dem Gegenstand entsprechenden Namen: Der dritte Abschnitt ist eine rasche Überprüfung der vorigen Lektion. Die Lehrerin fragt das Kind: ‚Wie ist das? ...', und wenn es reif dazu ist, antwortet es mit dem vorgesehenen Wort: ‚Das ist glatt', ‚das ist rauh.'

Da Kinder bei der Aussprache dieser häufig für sie neuen Wörter oft unsicher sind, kann die Lehrerin, um der Sache mehr Nachdruck zu verleihen, die Wörter noch ein- oder zweimal wiederholen lassen und das Kind dabei auffordern, deutlicher zu sprechen: ‚Wie ist es? ...' ‚wie? ...' Weist das Kind dann merkliche Sprachfehler auf, so ist es angebracht, diese für eventuelle Übungen zur Verbesserung der Aussprache ganz genau zu bestimmen." (Maria Montessori, „Die Entdeckung des Kindes", S. 171 ff.)

Immer wieder begegnen wir bei Montessori den Gegensätzen Aktivität und Begrenzung. Das Kind ist aus sich heraus angeregt, durch Material oder Umgebung aktiv und wird dann durch die Begrenzung der Mittel quasi gebremst. So könnte man Montessori mißverstehen. Die Begrenzung jedoch führt immer wieder zu Ordnung und Klarheit. Das Kind kann seine Kräfte gezielt einsetzen und gewissermaßen schonen.

„Die Aktivität – Ein weiteres Merkmal des Entwicklungsmaterials muß *seine Eignung für die Tätigkeit des Kindes* sein. Die Möglichkeit, die interessierte Aufmerksamkeit des Kindes zu erhalten, hängt nicht so sehr von der in den Dingen enthaltenen ‚Qualität' ab, sondern vielmehr davon, welche Anregungen sie zum Handeln bieten.

Also, um eine Sache interessant zu machen, genügt es nicht, daß sie von sich aus interessant ist, sondern sie muß dem Tätigkeitsdrang des Kindes angemessen sein. Zum Beispiel müssen kleine Gegenstände zum Verrücken da sein, und in diesem Fall ist es die Bewegung der Hand, mehr als die Dinge selbst, die das Kind beschäftigt hält, viele Male nacheinander die Sachen zusammen- und auseinanderzustellen, umzurücken und neu zu ordnen, und dadurch eine längere Dauer der Betätigung ermöglicht. Ein wunderschönes Spielzeug, ein anziehender Anblick, eine erstaunliche Erzählung können zweifellos das kindliche Interesse *auf sich lenken,* doch wenn das Kind einen unveränderlichen Gegenstand nur ‚sehen' oder ‚hören' oder ‚anfassen' darf, ist sein Interesse oberflächlich und springt von einer Sache zur anderen über. So ist die Umgebung ganz danach zusammengestellt, daß sie sich für die kindliche Tätigkeit eignet, sie ist schön, doch das würde das Kind nur einen einzigen Tag interessieren, während die Tatsache, daß jedes Ding umgestellt, benutzt und wieder an seinen Platz gebracht werden kann, der Umgebung eine unerschöpfliche Anziehungskraft verleiht.

Die Begrenzung – Schließlich ist noch folgendes, allen für die Erziehung geschaffenen ‚stofflichen Mitteln' gemeinsame Prinzip, das bis jetzt sehr wenig verstanden wurde, von größtem pädagogischem Interesse: Es besagt, daß das Material ‚mengenmäßig begrenzt' sein muß. Ist dieses Faktum erst einmal festgestellt, wird es für unser Begriffsvermögen logisch klar: Ein normales Kind benötigt keine ‚Reizmittel, die es aufwecken', die ‚es mit der wirklichen Umgebung in Verbindung bringen'. Es ist wach und verfügt über unzählige ständige Beziehungen zu seiner Umgebung. Hingegen muß es das Chaos ordnen, das sich in seinem Bewußtsein durch die Vielzahl von Empfindungen gebildet hat, die es aus der Welt erhielt. Es ist kein ‚Schlafender im Leben', wie das geistesschwache Kind, sondern ein ‚kühner Entdecker in der für es neuen Welt', und was es als Entdecker braucht, ist *ein Weg* (also etwas Begrenztes und Direktes), der es zu seinem Ziel hinführt und von den ermüdenden Umwegen befreit, die es am Vorwärtskommen hindern. Dann ‚klammert sich das Kind leidenschaftlich' an diese begrenzten und auf den Zweck gerichteten Dinge, welche das Chaos ordnen, das sich in ihm gebildet hat, mit der Ordnung dem forschenden Geist Klarheit bringen und es bei seinen Forschungen leiten. Der zunächst sich selbst überlassene Entdecker wird dann ein aufgeklärter Mensch, der bei jedem Schritt Neues findet und vorwärts schreitet mit der inneren Kraft, die ihm Befriedigung gibt.

Wie sehr müssen diese Erfahrungen die Vorstellung ändern, die viele noch haben – nämlich, daß dem Kind *desto besser geholfen* wird, je mehr Erziehungsmaterial ihm zur Verfügung steht. Wir glauben zu Unrecht, das ‚an Spielzeug reichste', das ‚an Hilfsmitteln reichste' Kind könne sich am besten entwickeln. Statt dessen beschwert die ungeordnete Vielzahl von Dingen die Seele mit neuem Chaos und bedrückt sie durch Entmutigung.

In der ‚Begrenzung' der Hilfsmittel, die das Kind dazu führen, Ordnung in seinen Geist zu bringen und ihm das Verständnis der unendlich vielen Dinge erleichtern, die es umgeben, liegt das höchste Erfordernis, das es dem Kinde ermöglicht, seine Kräfte zu schonen und das es sicher auf den schwierigen Pfaden seiner Entwicklung voranschreiten läßt." (Maria Montessori, „Die Entdeckung des Kindes", S. 118ff)

Wenn vom Montessori-Material Motivation ausgehen soll, so muß es dem Tätigkeitsdrang des Kindes entsprechen. Die Lehrerin, die das Kind gut beobachtet hat, muß also die Umgebung entsprechend den Bedürfnissen des Kindes vorbereiten und die Materialien ansprechend bereitstellen. Nicht die große Menge des Materials ist förderlich für das Kind, im Gegenteil. Gerade die Überschaubarkeit hilft dem Kind, sich zu konzentrieren und sich ganz auf ein Material einzulassen.

Kinder entscheiden selbst

In Elternhaus, Kindergarten und Schule sehen wir unsere Rolle als pädagogisch handelnde Erwachsene meist als „Bestimmer". Jedenfalls nennen uns die Kinder so und nehmen uns wohl als solche wahr. Viele Kinder gelangen durch unser Verhalten in eine Art Resignation. Sie mühen sich schon gar nicht mehr selbst, ein Spielmaterial auszuwählen, aus der Befürchtung heraus, daß es ihnen doch nicht erlaubt würde. So begegnen sie uns dann häufiger mit der Frage: „Was soll ich jetzt machen?" oder „Sag mir, was ich spielen soll". Die Pädagogik Montessoris setzt auf die freie Wahl. Frei wählen kann das Kind aus eigenem inneren Trieb heraus, mit gesundem Selbstbewußtsein und Entscheidungsfähigkeit. Wurde es über die ersten Jahre seines Lebens in diesem Bereich „unterdrückt", dürfen wir nicht erwarten, daß es zum Beispiel mit Eintritt in den Kindergarten selbständig und entschlossen alle Entscheidungen in Angriff nimmt.

Montessori wählt als eine Methode, wie wir dem Kind auf den richtigen Weg helfen können, die freie Wahl. Durch diesen Freiraum wird das Kind motiviert und findet zu aktivem Handeln.

„Die freie Wahl

Nun sind wir in der Praxis, nun sind wir in der Schule. Das aufgrund von Experimentalforschungen bestimmte Material für die Entwicklung der Sinne ist ein Bestandteil der Umgebung.

Nach und nach ‚bietet' die Lehrerin – entsprechend den Angaben der Methode, die sich auf lange Erfahrung stützt – erst das eine, dann ein anderes Material an, je nach dem Alter des Kindes und dem systematischen Aufbau der Gegenstände.

Doch ein solches Anbieten ist lediglich der erste Schritt zu dem Zweck, Bekanntschaft zu schließen, nichts weiter. Danach beginnen erst die wichtigen Handlungen. Aufgrund der unterschiedlichen Anziehungskraft wählt das Kind spontan eines unter den Dingen aus, mit denen man es bekannt gemacht hat und die von ihm bereits vorgeführt wurden.

Das Material ist ausgestellt, das Kind braucht nur die Hand auszustrecken und es zu ergreifen. Es kann das ausgewählte Stück an den Platz tragen, der ihm am besten gefällt: auf einen Tisch – neben das Fenster – oder in eine dunkle Ecke – oder auf einen schönen kleinen auf dem Boden ausgebreiteten Teppich – und es sooft wieder benutzen, wie es dazu Lust hat.

Was treibt wohl das Kind dazu, eher das eine als das andere Ding auszuwählen? Bestimmt nicht der Nachahmungstrieb, weil jedes Stück nur einmal vorhanden ist und, wenn einer es benutzt, kann dies kein anderer gleichzeitig tun.

Der Nachahmungstrieb ist es also nicht. Dies beweist uns auch die Art und Weise, wie die Kleinen das Material benutzen, denn sie vertiefen sich in ihre Übung mit so intensiver Aufmerksamkeit, daß sie die Dinge um sich herum gar nicht mehr wahrnehmen und immer weiter arbeiten und dabei die gleiche Übung dutzendmal wiederholen. Es ist das mit der inneren Entwicklung verbundene Phänomen der *Konzentration* und der *Wiederholung*. Niemand kann sich aus Nachahmungstrieb konzentrieren, denn der Nachahmungstrieb bindet nach außen, und hier handelt es sich um ein vollkommen entgegengesetztes Phänomen, das heißt, die Abstraktion von der äußeren Welt und die engste Bindung an die innerste und geheime Welt, die im Kinde wirkt. Nicht einmal ein Interesse am Lernen oder an einer äußerlichen Zielsetzung ist dabei von Einfluß; nichts von alledem läßt sich in Beziehung setzen zu dem Bewegen und Verrücken von Dingen, die jedesmal unweigerlich in ihre ursprüngliche Stellung zurückgebracht werden. Es ist also eine rein innerliche Angelegenheit, die mit den jeweiligen Bedürfnissen des Kindes und daher mit den charakteristischen Bedingungen seines Alters verbunden ist. Bei so einfachen Gegenständen hätte ein Erwachsener auch nie ein so großes Interesse, sie dutzendmal immer in gleicher Weise zu verrücken und daran Vergnügen zu finden; um so weniger könnte sich ein Erwachsener mit seinen inneren Fähigkeiten darauf so konzentrieren, daß er den äußeren Ereignissen gegenüber fast unempfänglich würde. Psychisch gesehen, steht die Lehrerin deshalb auf einer ganz anderen Stufe als das Kind, und sie könnte diesen Vorgang nicht im geringsten beeinflussen. Hier haben wir also eine regelrechte Enthüllung des Innenlebens. Die äußerlichen Reize bewirken von draußen wie ein Magnet einige mit den Tiefen der Seele verbundene Manifestationen. Wir stehen hier also ganz einfach vor einem Entwicklungsphänomen.

Dies wird bei der Beobachtung von viel kleineren Kindern klar. Sie weisen manchmal ein ganz analoges Phänomen auf, auch wenn dies sich auf den Sektor der Bewegungen beschränkt, wenn sie ähnliche Gegenstände einzeln von einem Platz an einen anderen tragen. Erst später gefällt es dem Kind, Dinge zu einem äußeren Zweck herumzutragen, wie beim Tischdecken, beim Zurücklegen von Sachen in eine Schublade usw. Es gibt also eine formative Periode, in der die Handlungen keinerlei Zweck, keinerlei äußere Anwendung haben. Ähnliches finden wir bei der Entwicklung der Sprache, wenn das Kind lange Zeit Laute, Silben oder Wörter wiederholt, ohne die Sprache bereits zu gebrauchen oder sie auf äußere Dinge anzuwenden.

Dieser bei allen Äußerungen in der Entwicklung des psychischen Lebens so allgemeingültige Vorgang ist also von größtem Interesse.

Dazu ist es erforderlich, dem Kind die *freie Wahl* der Gegenstände zu überlassen. Das Phänomen tritt um so leichter hervor, je stärker die Hindernisse ausgeschaltet werden können, die sich zwischen das Kind und den Gegenstand stellen, nach dem die Seele unbewußt strebt.

Jeder äußere Gegenstand und noch stärker jede äußere Tätigkeit wird zum Hindernis, wenn sie den zarten und verborgenen Lebensimpuls ablenkt, der, obwohl noch unbewußt, das kleine Kind leitet. Deshalb kann die Lehrerin zum Haupthindernis werden, weil sie über eine energischere und bewußtere Aktivität verfügt als die Kinder. In der Umgebung, in der die Sinnesreize der freien Wahl des Kindes unterliegen, muß die Lehrerin also versuchen, sich auszuschalten (nachdem sie ihm zunächst den Gebrauch der Gegenstände gezeigt und erklärt hat). Die Aktivität des Kindes wird von innen heraus und nicht von der Leiterin angetrieben." (Maria Montessori, „Die Entdeckung des Kindes", S. 109 ff)

Die Ausführungen mögen so manchen Erwachsenen in Erstaunen versetzen. Nicht nur, daß das Kind das Material frei auswählen darf, es kann sich auch seinen Arbeitsplatz am Tisch oder auf einem Teppich auf dem Boden selbst suchen. Es kann entscheiden, ob es mehr in der Sonne oder im Licht arbeiten möchte oder eher im schattigen Teil des Raumes. Was motiviert das Kind zu Material- bzw. Platzauswahl? Die Motivation kann vom Material, aber auch vom Kind selbst ausgehen. Das Vorbild spielt nur eine nachgeordnete Rolle, denn jedes Material ist nur einmal im Raum vorhanden. Erstaunlich für den Erwachsenen: das Kind beschäftigt sich zum wiederholten Male mit dem gleichen Gegenstand.

Für die Erwachsenen scheint dieser uninteressant und die wiederholte Aktivität des Kindes oft unverständlich. Wir müssen uns aber bewußt werden, daß das Kind uns in einer solchen Situation sein Innerstes offenbart. Die Aktivität wird von innen heraus und nicht durch den Erwachsenen angetrieben. Wir müssen uns zurücknehmen und erreichen damit beim Kind stärkere Motivation, weil es in Freiheit agieren kann, seinen eigenen Wünschen und Zielen entsprechend.

„Die neue Erziehungsmethode besteht nicht nur darin, die Mittel für die Entwicklung der einzelnen Handlungen zu geben, sondern auch darin, dem Kind die Freiheit zu lassen, darüber zu bestimmen.

Und dies verwandelt das Kind in den kleinen denkenden und eifrigen Menschen, der in seinem tiefsten Innern Entscheidungen und eine Wahl trifft, die ganz anders sind als wir angenommen hätten, oder der mit einem raschen großzügigen Impuls oder mit taktvoller Zuneigung Dinge tut, die ihm sein Innerstes gerade eingeben. Auch hierin, ja ganz besonders hierin, übt er sich. So beschreitet er mit erstaunlicher Sicherheit die Wege seines eigenen Bewußtseins.

Die innerliche Arbeit des Kindes ist von einer gewissen keuschen Sensibilität. Sie zeigt sich nur, wenn der Erwachsene nicht mit seinen Anweisungen eingreift, die aus Überprüfung, Ratschlägen und Ermahnungen bestehen. Lassen wir das Kind seine Geschicklichkeit ungehindert anwenden, wird es sich als empfänglich für die größeren Errungenschaften erweisen, die es nach und nach erreicht. Es verhält sich peinlichst gewissenhaft, wenn es jeder Tätigkeit den ihr gebührenden Platz zuweist, genau wie das jüngere, etwa zweijährige Kind voller Stolz empfindet, daß es die Dinge an ihren Platz einzuordnen versteht" (Maria Montessori, „Die Entdeckung des Kindes", S. 107).

Nicht Vorgaben, sondern die Freiheit zum Handeln geben dem Kind Impulse und Anregung. Gerade dies führt zu einer Motivation, die andauert und nicht gleich wieder verfliegt.

Montessori spricht auch von der Stimme der Dinge und den Talenten. Diese Stimme ziehe die Aufmerksamkeit des Kindes auf sich. Sie spricht von einer Beredsamkeit der Gegenstände und Materialien, die sehr viel mehr Einfluß auf das Kind haben, wie die noch so gesprächige und erklärende Lehrerin. Jedes Kind kann das Größte seinem Alter entsprechend leisten. Nur weil es erst zwei Jahre alt ist, ist seine Leistung nicht weniger wert oder weniger verantwortungsvoll. Vielleicht vollbringt es sogar größeres als ein Jahr später. Montessori nennt in diesem Zusammenhang die kindliche Motivation inneren Ehrgeiz, den inneren Wunsch, eine Aufgabe optimal zu erledigen.

„Die Stimme der Dinge

Die Lehrerin überwacht, das ist richtig, doch sind es Dinge verschiedener Art, welche Kinder verschiedenen Alters ‚ansprechen'. In Wahrheit sind der Glanz, die Farben, die Schönheit lustiger und verzierter Dinge ebenso viele ‚Stimmen', welche die Aufmerksamkeit des Kindes auf sich ziehen und es zum Handeln anregen. Diese Gegenstände haben eine Beredsamkeit, die keine Lehrerin jemals erreichen könnte: nimm mich, sagen sie; mach mich nicht kaputt; stell mich auf meinen Platz! Und die ausgeführte Handlung im Einklang mit der Aufforderung der Dinge gibt dem Kind diese freudige Zufriedenheit, dieses Aufblühen von Energie, die es für die schwierigen Arbeiten seiner geistigen Entwicklung prädisponieren. Oftmals ist es jedoch mehr als eine Stimme, mit der die Dinge rufen: Der Ruf ist ein komplexer Befehl; manche wichtigen Arbeiten erfordern nicht nur ein einziges Kind, sondern eine organisierte Gemeinschaft und verlangen eine Lehrzeit und eine lange Vorbereitungszeit. Dies ist beim Tischdecken, beim Essenauftragen und beim Geschirrspülen der Fall.

Die Talente

Es wäre ein Irrtum, wollte man die Fähigkeiten der Kinder ohne vorherige Erfahrung nach ihrem Alter beurteilen und einige Kinder ausschließen in der Annahme, sie könnten keinerlei Hilfe geben. Die Lehrerin soll immer die Wege bahnen und niemals jemand aus Mangel an Vertrauen zurückweisen. Auch die kleinsten Kinder wollen etwas tun, werden dazu getrieben, sich stärker als die großen zu betätigen. Die gute Lehrerin wird sich also überlegen, welchen Beitrag auch das winzigste Wesen leisten kann. Vielleicht kann der Zweieinhalbjährige Brot, der Viereinhalbjährige hingegen den Topf mit warmer Suppe tragen. Die Bedeutung der Arbeit beschäftigt die Kinder nicht, sie sind zufrieden, wenn sie *das Höchste* gegeben haben, *dessen sie fähig sind*, und sich nicht von den Möglichkeiten ausgeschlossen sehen, die ihnen ihre Umgebung zur Betätigung bietet. Die Arbeit, bei der die größten Möglichkeiten jedes einzelnen zum Ausdruck kommen, erregt höchste Bewunderung. Sie haben etwas wie einen inneren Ehrgeiz, der darin besteht, die ‚Talente‘, die Gott ihnen anvertraut hat, wie in der Parabel des Evangeliums voll zu nutzen, und wenn ihnen dies gelingt, dann ziehen sie das bewegte Interesse vieler Bewunderer auf sich. Zum Mahl eingeladene Kinder wollen nicht nur essen, sondern lieben diese wunderbare Gelegenheit, ihre inneren Kräfte und häufig auch ihre edlen Gefühle zu entfalten, auf die Spielgefährten zu warten, Gebete zu sprechen. Sie verlieren keine Zeit und verstehen die Gelegenheit zu nutzen. Der winzige Kellner in seiner weißen Schürze, der still und gedankenvoll vor dem Tisch steht, auf den er gerade voller Eifer das Tischtuch gelegt hat, denkt über die Anzahl der Gäste nach, also auch über die beste Anordnung der Gedecke, die er bald auflegen muß. Das lachende Mädchen, das so langsam Wasser in die Gläser gießt, führt das kleine Händchen, damit die Flasche den Glasrand nicht berührt und der letzte Wassertropfen nicht auf das Tischtuch fällt. Eine Gruppe von Serviererinnen kommt laufend und tänzelnd herbei; jede trägt einen Stoß aufeinandergestapelter Teller, das Geschirr für jeden Tisch; die Zufriedenheit hat wie Musik ihren Körper leichter gemacht und belebt." (Maria Montessori, „Die Entdeckung des Kindes", S. 95 ff)

Die Freiheit der Wahl und Selbstentscheidung des Kindes in seiner Umgebung wird von Erwachsenen kaum in ihrer umfassenden Bedeutung erkannt. Nicht selten sind sie erstaunt, daß es zu keinerlei Streit kommt, sondern statt dessen ein ruhiges und harmonisches Gemeinschaftsleben entsteht. Die Kinder lösen von sich aus viele Probleme des Lebens in der Gemeinschaft.

„Wenn wir von ‚Umgebung' sprechen, so verstehen wir darunter die Gesamtheit all der Dinge, die das Kind frei in ihr auswählen und solange nutzen kann, wie es will, also gemäß seinen Neigungen und seinem Bedürfnis nach Tätigkeit. Die Lehrerin tut weiter nichts, als ihm am Anfang zu helfen, sich unter so vielen verschiedenen Dingen zurechtzufinden und ihren genauen Verwendungszweck zu erlernen; sie führt das Kind also in das geordnete und aktive Leben seiner Umwelt ein. Doch dann läßt sie ihm seine Freiheit bei der Auswahl und Verrichtung seiner Tätigkeit. Gewöhnlich haben die Kinder gleichzeitig verschiedene Wünsche. Das eine beschäftigt sich mit einer Sache, das zweite mit einer anderen, ohne daß es zum Streit kommt. Es entwickelt sich vielmehr ein großartiges Gemeinschaftsleben voller Energie und lebhafter Aktivität, und die Kinder lösen von sich aus friedlich und freudig viele Probleme des Lebens in der Gemeinschaft, welche die freie und vielfältige individuelle Tätigkeit nach und nach aufwirft. In der Umgebung liegt eine erzieherische Kraft, die alles um sie herum durchdringt. Die Menschen, Kinder und Lehrerin, haben ihren Anteil daran" (Maria Montessori, „Die Entdeckung des Kindes", S. 72).

Wie wenig Glauben hat der Erwachsene in die innere Kraft, die in jedem Menschen steckt. Dabei ist es so wichtig, daß wir dem Kind vertrauen und Glauben schenken. Unser Pflegesohn sagte mir einmal, daß es für ihn das Wichtigste gewesen wäre, daß wir an ihn geglaubt hätten, ihm zugetraut hätten, daß er sein Ziel erreichen würde. Aber wieviele Eltern glauben, daß sie ihr Kind mit Belohnungen, Bestrafungen, Drohungen motivieren könnten. Beobachten wir einmal die Kinder in unserem Umfeld ganz genau, so müssen wir feststellen, daß sie am eifrigsten lernen, wenn wir sie nicht drängeln oder sogenannte Lernsituationen schaffen. Sie nehmen uns auch nicht zum Vorbild, wenn wir uns gerade vorbildlich verhalten, sondern dann, wenn es uns gerade nicht recht ist.

„Alle menschlichen Siege und Fortschritte beruhen auf innerer Kraft. So kann ein junger Student einmal ein großer Arzt werden, wenn seine Berufung ihn zum Studium treibt. Geschieht dies jedoch allein in er Hoffnung auf eine Erbschaft oder eine Heirat oder sonst einen Vorteil, dann wird er niemals ein wahrer Meister und großer Arzt, und die Welt wird keine außergewöhnlichen Fortschritte durch sein Wirken erzielen ... Wenn sogar Belohnungen und Strafen in der Schule oder innerhalb der Familie nötig sind, damit ein junger Mann bis zur Promotion studiert, ist es besser, er wird nicht Arzt. In jedem steckt eine besondere Neigung und eine besondere, vielleicht bescheidene, jedoch immer nützliche Berufung. Die Belohnung kann diese Berufung auf den falschen Weg der Eitelkeit ablenken, und dadurch die Tätigkeit eines Menschen beeinträchtigen oder zunichte machen.

Wir werden nicht müde, zu wiederholen, die Welt mache *Fortschritte* und die Menschen müßten dazu angetrieben werden, Fortschritte zu erzielen. Doch der Fortschritt kommt durch das Neuentstehende, sehr viel häufiger jedoch durch bereits Bestehendes, das verbessert oder weiterentwickelt wird. Da sie unvorhergesehen sind, werden diese Dinge nicht belohnt, vielmehr treiben sie die Avantgardisten oft ins Martyrium.

Wehe, wenn Gedichte nur aus dem Wunsch heraus entstünden, den Lorbeerkranz des Kapitols zu erringen. Die Muse wäre vertrieben, wenn dieses Bild als einziges den Geist des Dichters beflügeln würde. Das Gedicht muß aus der Seele des Dichters hervorbrechen, wenn er weder an den Preis noch an sich selbst denkt; und wenn es ihm trotzdem gelingt, den Lorbeerkranz zu erringen, dann empfindet er dessen Bedeutungslosigkeit ...

Hier kann die Erziehung ihre Wirksamkeit entfalten.

Wir hingegen halten die Kinder in der Schule eingepfercht in diese für Körper und Geist entwürdigenden Instrumente, als da sind: die Bank, die Belohnung und die äußeren Strafen, um sie zu einer Disziplin der Unbeweglichkeit und des Schweigens zu erniedrigen. Um sie wohin zu führen? Leider zu keinem Ziel.

Es handelt sich darum, ihnen mechanisch den Inhalt von Programmen einzutrichtern: *Programme,* die häufig in den Ministerien zusammengestellt und durch Gesetz erzwungen werden.

Vor einer solchen Nichtachtung des Lebens, und zwar des Lebens unserer Kinder und der Nachwelt, haben wir allen Grund, voller Verwirrung und Scham zu erröten.

Tatsächlich ‚ist heute die Erneuerung der Erziehungs- und Unterrichtsmethoden ein zwingendes Bedürfnis. Wer hierfür kämpft, der kämpft für die *menschliche Regeneration.*'" (Maria Montessori, „Die Entdeckung des Kindes", S. 20 ff)

Ob es uns wirklich gelingt, dem Aufruf Montessoris zu folgen und die Erziehungs- und Unterrichtsmethoden zu erneuern? Wir sollten es uns immer wieder bewußt machen. Es geht darum, daß unsere Kinder zu selbstbewußten Menschen heranwachsen, die ihr Leben selbständig meistern können.

„Der Charakter des Kindes

Nicht zufällig haben wir diesen Titel gewählt: ‚Der Charakter des Kindes'. Wir wollen unter ‚Charakter' nicht nur die Züge des sittlichen Charakters verstehen, sondern die komplexe Persönlichkeit des Kindes, die nicht nur aus sittlichen, intellektuellen und physischen Äußerungen besteht, sondern die eine Einheit bildet und nur durch die Arbeit der Psychologen analysiert werden kann. Hier soll ein allgemeiner Überblick vor allem über die Formen der Tätigkeit des Kindes gegeben werden, die so oft übersehen oder noch häufiger zwar gesehen, aber falsch gedeutet werden.

Nehmen wir an, die Durchführung einer Arbeit könnten wir durch eine Kurve wiedergeben.

Eine horizontale Linie stellt den Zustand der Ruhe dar, der Raum über der Linie ist die ‚geordnete Tätigkeit', der unter der Linie ‚ungeordnete Tätigkeit', der Abstand von der Linie gibt den Intensitätsgrad der Tätigkeit an, die Richtung der Linie stellt den zeitlichen Ablauf dar.

Nun können wir jede Tätigkeit nach ihrer zeitlichen Dauer und nach dem Grad der Geordnetheit bzw. Ungeordnetheit eintragen. Diese fortlaufenden Eintragungen ergeben eine Kurve, die uns einen Überblick gibt über die Tätigkeit des Kindes. Stellen wir nun einmal die Tätigkeit eines Kindes in einem ‚Kinderhaus' dar. Das Kind tritt ein

– einen Augenblick bleibt es ruhig, dann nimmt es seine Arbeit auf. Die Kurve beginnt in den Raum ‚Geordnetheit' anzusteigen. Dann wird das Kind müde und demzufolge ungeordnet. Die Kurve sinkt unter die Ruhelinie in den Raum ‚Ungeordnetheit'. Später beginnt das Kind eine neue Arbeit. Hatte es z. B. zuerst die Zylinder in der Hand, so nimmt es jetzt die Farbtäfelchen, und wir sehen es eine Weile emsig bei der Arbeit; plötzlich aber stört es seinen Nachbarn: Die Kurve senkt sich wieder. Es vergnügt sich damit, seine Kameraden zu stören und bleibt so in Ungeordnetheit. Hernach wählt es die Glocken. Es schlägt die einzelnen Töne an und ist in seine Arbeit vertieft – die Kurve steigt wieder in den Raum ‚Geordnetheit'. Sobald es damit fertig ist, weiß es sich nicht mehr allein zu beschäftigen, gelangweilt nähert es sich der Lehrerin.

In einer solchen Kurve kommt jene Form des Ablaufs nicht zum Ausdruck, die uns im folgenden interessieren soll. Sie ist die Kurve, die für sehr viele Kinder typisch ist, die, ohne ihre Aufmerksamkeit fixieren zu können, ohne sich mit einer anderen Sache je ernsthaft zu beschäftigen, unstet von einer Tätigkeit zur anderen flattern und in wenigen Stunden Material, das für ein halbes Jahr genügen würde, durch ihre Hände gehen lassen. Das ist der häufigste Typus des ungeordneten Kindes.

Nach einiger Zeit (es kann sich um Tage, aber auch um Wochen, ja Monate handeln) fertigen wir wieder eine Kurve von der Tätigkeit desselben Kindes an. Inzwischen hat sich in ihm das Phänomen der Konzentration eingestellt. Ich möchte nun eine Kurve zeichnen, die ungefähr die Betätigung eines Kindes darstellt, das, obzwar nicht mehr ungeordnet, noch nicht völlig geordnet ist. Sein Verhalten ist ein Mittelding zwischen Geordnetheit und Ungeordnetheit.

Sobald dieses Kind die Schule betritt, nimmt es sich eine leichte Arbeit, z. B. eine der Übungen des praktischen Lebens. Es läßt diese liegen, um aus dem Material ein ihm vertrautes Stück auszuwählen und bekannte Übungen zu wiederholen. Dann aber sehen wir das Kind ermüdet und unsicher, und seine Kurve senkt sich unter die Ruhelinie. Diese Erscheinung kann nicht nur bei einem einzelnen Kind auftreten, sondern auch bei einer ganzen Klasse. Was würde nun eine Lehrerin, die keine praktische Erfahrung besitzt, in diesem Falle sagen? Sie würde schließen, die Kinder seien, nachdem sie Hausarbeit geleistet oder mit dem Material gearbeitet haben, müde geworden, die so sehr gepriesene Konzentration hat sich nicht gezeigt, und das sei nicht ihre Schuld.

Ist die Lehrerin gutmütig und in den Grundsätzen der Psychologie bewandert, von der jetzt so viel die Rede ist, so meint sie gewiß, die Kinder bedürften nach der Anstrengung unbedingt der Ruhe, und die Arbeit sei zu unterbrechen. Um ihnen eine Abwechslung zu verschaffen, führt sie sie sicher in den Garten. Die Kinder tollen nun mit viel Geschrei herum und sind dann, wenn sie erst in die Klasse zurückgekehrt sind, noch unruhiger als zuvor. Wieder werden sie ständig die Arbeit wechseln, und dieser Zustand der ‚falschen Ermüdung‘ dauert fort.

Wie viele Lehrerinnen ziehen daraus einen falschen Schluß: Es sei nicht wahr, daß frei gewählte Arbeit den kleinen Kindern Freude und Befriedigung bringe. Offensichtlich wählen sie ihre Beschäftigungen frei, bleiben jedoch nur einen Augenblick dabei und werden dann immer unruhiger. ‚Ich versuche alles‘, sagen sie, ‚lasse sie ausruhen, wechsle die Umgebung, und es gelingt mir weder, sie zum Arbeiten zu bringen, noch sie in Ruhe zu halten.‘

Diese Lehrerinnen haben gewiß die Methode ‚nach dem

Buchstaben' studiert, doch es fehlte ihnen an dem notwendigen Vertrauen, die Freiheit des Kindes zu respektieren. So kam es, daß sie allerlei Erwägungen anstellten und das, was sie gelernt hatten, zu Rate zogen, sie suchten einzuschreiten, zu lenken, und gerade dadurch unterbrachen sie die natürliche Entwicklung und zerstörten da, wo sie aufbauen wollten.

Achtet hingegen eine Lehrerin die Freiheit des Kindes und hat sie das Vertrauen, die Willensstärke, für eine Zeitlang alles, was sie gelernt hat, womit ihr der Kopf vollgepfropft ist, zu vergessen, ist sie bescheiden genug, ihr Eingreifen nicht für wesentlich zu halten, und kann sie geduldig warten, so wird sie bald sehen, wie eine völlige Umwandlung sich in dem Kinde vollzieht. Das Kind ist erregt, solange es in der Tiefe seines Bewußtseins etwas sucht und sich selbst noch nicht gefunden hat.

Hat es aber die Möglichkeit dazu, so wählt es nach der einleitenden Arbeit eine neue, schwierigere als die erste. Es richtet seine ganze Aufmerksamkeit darauf, vertieft sich in sie, gibt sich ihr mit ganzer Seele hin und löst sich gleichsam von seiner Umgebung los. Das ist das, was wir die ‚große Arbeit' nennen.

Ist das Kind fertig, so verläßt es zwar den Gegenstand, der das Mittel seiner Sammlung war, aber alle Erscheinungen beim Kind sind jetzt ganz anders als die der falschen Ermüdung. Schien es früher ermüdet, so strahlt jetzt sein Gesichtchen, auf dem eine tiefe Ruhe liegt. Das Kind scheint wie von einer neuen Kraft erfüllt, so, als habe es ein Energiestrom neu belebt. Wir erkennen klar, daß hier ein einziger geschlossener Arbeitszyklus vorliegt, der aus zwei Teilen besteht: Der erste Teil ist der der bloßen Vorbereitung, der das Kind auf die Arbeit ausrichtet und die Bahn ebnet für den zweiten Teil, für die eigentliche ‚große Arbeit'.

Nach der ‚großen Arbeit' ist das Kind ausgeruht, ja, man könnte sagen, daß es sich erst jetzt wirklich ausgeruht zeigt. Seine strahlende Heiterkeit und seine Ruhe verkünden uns laut eine neue Wahrheit. Tatsächlich zeigt ein solches Kind keine Anzeichen von Ermüdung, sondern die physiologischen Merkmale überschäumender Lebenskraft. Wir sehen genau so aus nach einem Essen, das uns geschmeckt hat, oder nach einem Bad. Auch dies sind eigentliche Arbeitsleistungen, aber weit davon entfernt, unsere Kräfte zu mindern, dienen sie dazu, diese zu erneuern; und ebenso gibt es auch eine psychische Arbeit, die dem Geist Kräfte verleiht. Damit das Kind sich ausruhen kann, müssen wir ihm also die ‚große Arbeit' ermöglichen.

Überlegen wir einmal: Was ist eigentlich Ausruhen? Für uns bedeutet Ausruhen nicht Nichtstun, unsere Muskeln ruhen sich nicht aus, wenn wir unbeweglich bleiben, sondern wenn wir uns in geeigneter Weise bewegen. Genau so finden wir Ruhe in einer freigewählten geistigen Arbeit, die unserem Geist Kraft gibt.

Dies ist alles so geheimnisvoll wie das Leben selbst. Eine Lehrerin vermag niemals zu sagen: Dies Kind braucht diese oder jene Arbeit, um Kraft zu gewinnen. Gerade das liegt jenseits jeden Erkenntnisvermögens. Nur die Stimme des Lebens selbst kann die Arbeit wählen, deren das Kind wirklich bedarf. Es genügt, daß die Lehrerin dieses Geheimnis der Arbeit achtet und vertrauensvoll warten kann ...

Je mehr diese Entwicklung fortschreitet, desto kürzer wird die Zeitspanne der falschen Ermüdung, während die Zeit der ‚Ruhe' immer länger wird.

Es ist dies eine Ruhe ganz eigener Art, eine aktive Ruhe. Zweifellos geht eine innere Arbeit weiter, die keine Verbindung mehr mit einem Gegenstand hat. Das Kind ist innerlich ruhig, es beobachtet seine Umgebung, es bemerkt kleinste Einzelheiten, es macht Entdeckungen aller Art.

Die Konzentration umfaßt demnach drei Stufen: die ‚vorbereitende Stufe', die ‚Stufe der großen Arbeit', die mit einem Gegenstand der äußeren Welt im Zusammenhang steht, und eine dritte, die sich nur im Inneren abspielt und die dem Kinde Klarheit und Freude verschafft. Ein Strahl dieser Helligkeit fällt dann auch auf die Umgebung zurück, so daß das Kind Dinge bemerkt, die es vorher nicht beachtet hatte.

Wir machen noch eine weitere Beobachtung: Das Kind wird außergewöhnlich gehorsam, und es entwickelt eine beinahe unfaßbare Geduld. Wir sind ganz erstaunt darüber, wir haben uns nie bemüht, es ‚Gehorsam' oder ‚Geduld' zu lehren.

Einer, der sich nicht im Gleichgewicht halten kann, wagt es auch nicht, zu gehen oder seine Arme zu gebrauchen aus Angst, umzufallen. Er wird nur unsicher taumelnd gehen. Hat er aber einmal gelernt, sich im Gleichgewicht zu halten, so wird er laufen, springen, sich nach rechts und links wenden. Das gleiche gilt für das psychische Leben. Kann sich jemand, der kein seelisches Gleichgewicht besitzt und sich nicht sammeln kann, der nicht die Herrschaft über sich selbst hat, in diesem geistigen Zustand unter den Willen anderer beugen, ohne in Gefahr zu geraten ‚umzufallen'? Wie kann er dem Willen anderer gehorchen, wenn er unfähig ist, sich seinem eigenen Wollen unterzuordnen? Der Gehorsam ist nichts anderes, als eine Art geistiger Geschicklichkeit, deren notwendige Voraussetzung das innere Gleichgewicht ist. Dieser Gehorsam quillt aus der Stärke, und er enthält die besten Voraussetzungen für das, was man ‚Anpassung an die Umgebung' genannt hat. Alle Biologen sind sich darin einig, daß ein Überschuß von Kraft vorhanden sein muß, um sich einem gegebenen Milieu anpassen zu können. Worin sonst besteht eigentlich diese Anpassung an eine Umgebung, von der die Biologen sprechen? In nichts anderem als in einem Kräfteüberschuß, der es dem Individuum erlaubt, sich in entsprechender Weise bestimmten Forderungen der Umwelt anpassen zu können und jene Mechanismen und Funktionen auszubilden, die von der jeweiligen Umwelt verlangt werden. Aber bevor solche Kräfte in Tätigkeit gesetzt werden, bevor sie zu Handlungen führen, müssen sie vorhanden sein. Sie können nicht nur durch die Erfordernisse der Umwelt hervorgerufen werden. Weiß doch auch der Gärtner sehr gut, daß ein forciertes Wachstum die Pflanze nur schwächt.

So muß man auch zunächst stark und innerlich im Gleichgewicht sein, um gehorchen zu können. Wie sich in der Natur ein kräftiger Organismus den Umständen anpassen kann, so wird auch ein kräftiger Geist gehorsam sein und sich allem anpassen können.

Es handelt sich also darum, dem Kinde die Möglichkeit zu geben, sich entsprechend den Gesetzen seiner Natur ruhig zu entwickeln. So kräftigt es sich und, stark geworden, wird es mehr tun, als wir von ihm zu hoffen wagten.

Wie weit hat sich das kleine Kind dadurch entwickelt, daß es die wesentlichste Funktion seines Geistes – Konzentration – in Ruhe und Freiheit ausbilden konnte! Alles weitere ging daraus hervor. Es hat die Herrschaft über seinen Körper erworben, es kann alle seine Bewegungen nach seinem Willen lenken und auf sich selbst achtgeben. Wie weit dies führt, sehen wir daraus, daß es gegebenenfalls in vollkommener Stille verharren kann. Seine Selbstbeherrschung ist oft größer als die des Erwachsenen. – Wir dürfen jedoch nicht vergessen, wie sich diese Entwicklung vollzogen hat und auch nicht, welche Rolle die Umgebung des Kindes dabei spielt.

Es sei wiederholt: Ich habe nicht zuerst die Grundsätze aufgestellt und nach ihnen dann meine Erziehungsmethode eingerichtet. Gerade das Gegenteil war der Fall: Nur die unmittelbare Beobachtung der Kinder, deren Freiheit beachtet wurde, hat mir bestimmte Gesetze ihres inneren Lebens offenbart, von denen ich später entdeckte, daß sie allgemeine Gültigkeit haben. Die Kinder waren es, die aus eigenem Antrieb den Weg, der zur Kraft führt, gesucht und mit sicherem Instinkt herausgefunden haben." (Maria Montessori, „Dem Leben helfen", S. 46 ff)

In diesem Text hat Montessori die Arbeit des Kindes ganz besonders durchleuchtet, sie beschreibt die Arbeit für das Kind als Quelle der Kraft und der Freude und weist darauf hin, daß der Erwachsene das Geheimnis der Arbeit achten und vertrauensvoll warten können muß. Aktive Ruhe ist für uns ein fremder Begriff. Erwachsene setzen Aktivität und Ruhe nicht miteinander in Bezug, sondern sehen darin oft einen Gegensatz. Ganz anders bei Montessori. Während das Kind innerlich ganz ruhig und gesammelt ist, kann es dennoch aktiv wahrnehmen.

Aus dem Nichtstun heraus entwickelt es Motivation zur Wahrnehmung. Montessori hat nicht zuerst Grundsätze aufgestellt, dann die passenden Erziehungsmethoden entwickelt und angewandt. Sie hat vielmehr das Kind beobachtet, und diese Beobachtungen haben ihr die Gesetze des Lebens offenbart. Immer wieder geht es um die Übung, das Kind wirklich zu sehen und wahrzunehmen.

Sollten wir uns nicht vom Kind motivieren lassen, es zu entdecken und seinen Charakter und seine Fähigkeiten kennenzulernen? Dann könnten wir seine Persönlichkeit erfassen und ganz neue Wege für die Erziehung finden. Wir würden ihm dann nicht mehr unseren Willen aufdrängen, sondern uns vom Kind leiten lassen. „Die Freude des Kindes, daß es eine Arbeit vollbringt, verleiht ihm eine Art Überfülle an Großzügigkeit in der Ausführung. Dies ist eine Übung, die ohne Zweifel einem inneren Bedürfnis entspricht. Sie putzen eine Klinke aus Metall bis zum Abnutzen. Sie wischen energisch Staub. Offensichtlich treibt sie dabei nicht die Aussicht an, das äußere Ziel zu erreichen, sondern es ist das Ausschöpfen ihrer inneren Energie, das den Zyklus ihrer Handlungen bestimmt. Sie bauen den inneren Menschen auf. Und mit einem derartigen großzügigen Tun, das die äußere Notwendigkeit zu sehr überschreitet, erinnern sie uns an die Parabel von den Talenten: Ja, diese Kinder führen ihre Arbeiten aus, damit der innere Schatz, den Gott ihnen anvertraute, als er sie ins Leben schickte, möglichst viele Früchte trägt" (Maria Montessori, „Dem Leben helfen", S. 71).

Was können wir dann noch tun, um Kinder richtig zu motivieren?

Montessori gibt uns auch auf diese Frage eine Antwort: „Unsere Hilfe muß darin bestehen, die spontanen Anstrengungen der kindlichen Seele zu unterstützen; eine wirkliche Hilfe soll keine willkürliche Lenkung sein, sondern eine Antwort. Und die setzt voraus, daß wir uns darauf vorbereiten, die Natur zu interpretieren und die Selbsttätigkeit des Kindes zu achten" (Maria Montessori, „Dem Leben helfen", S. 70).

Für viele Erwachsene mag es schwierig sein, mit einer solchen Antwort zurechtzukommen, die ja primär zu Verhaltensänderungen auffordert und mehr Achtung gegenüber dem Kind verlangt. Doch wir können damit mehr erreichen als auf den „eingefahrenen" Wegen. Und auf die Dauer ist solche Haltung sowohl für die Erwachsenen als auch für die Kinder streßfreier und entspannter. Und damit ist sie auch erfolgreicher.

Fehlverhalten von Erwachsenen

Oft bringen wir Erwachsenen durch unser Verhalten die Kinder genau dazu, das zu tun, was sie am allerwenigsten wollen. Wir motivieren sie also in gewisser Weise schon, aber genau zum Gegenteil hin. Montessori beschreibt eine Episode:

„Diese Episode veranschaulicht, wie gedankenlos sich meine jungen Lehrerinnen zu Beginn verhielten; fast unbeabsichtigt brachten sie die Kinder schließlich zur Regungslosigkeit zurück, ohne ihre Bewegungen zu beobachten und zu unterscheiden. Da war ein kleines Mädchen, das die Mitschülerinnen zu einer Gruppe versammelte, dann unter ihnen hin und her lief, dabei sprach und gestikulierte. Die Lehrerin eilte sofort herbei, hielt ihren Arm fest und ermahnte sie, sich ruhig zu verhalten; als ich das Mädchen beobachtete, bemerkte ich jedoch, daß es den anderen die Lehrerin und Mutter vorspielte, ihnen beibrachte, Gebete aufzusagen und mit großen Gesten Heilige anzurufen und sich zu bekreuzigen: sie gab sich schon als eine *Führerin* zu erkennen. Ein kleiner Junge, der gewöhnlich fahrige Bewegungen machte und als anormal labil angesehen wurde, begann eines Tages mit großer Aufmerksamkeit, die Tischchen umzustellen. Sofort stürzten sie sich auf ihn, um ihn zur Ruhe zu bringen, weil er zuviel Krach mache; doch dies war eine erste, mit einem *bestimmten Zweck verbundene*

Bewegung, bei der das Kind seine Neigungen äußerte, folglich war es eine Handlung, die respektiert werden mußte.

Tatsächlich begann er danach, sich immer dann so ruhig wie die anderen Kinder zu verhalten, wenn er einen kleinen Gegenstand zum Verschieben auf seinem Tischchen hatte.

Während die Schulleiterin die benutzten Gegenstände in die Schachteln zurücklegte, näherte sich ihr manchmal ein kleines Mädchen und nahm sie in die Hand, offensichtlich von dem Wunsch getrieben, es ihr nachzutun. Die erste Reaktion der Lehrerin bestand darin, sie mit dem üblichen Befehl auf ihren Platz zurückzuschicken: ‚Laß liegen, geh auf deinen Platz!' doch das Mädchen drückte durch sein Tun die Absicht zu einer nützlichen Handlung aus; bei Ordnungsübungen usw. hätte es ohne Zweifel Erfolg gehabt. Ein anderes Mal hatten sich die Kinder lärmend um ein Wasserbecken im Saal versammelt, in dem sich Schwimmkörper bewegten. Wir hatten in der Schule einen kleinen, kaum zweieinhalb Jahre alten Jungen. Er war allein im Hintergrund geblieben und natürlich von großer Neugier beseelt. Ich beobachtete ihn mit großem Interesse aus einiger Entfernung: zunächst näherte er sich der Gruppe, schob die Kinder mit den Händen beiseite, begriff, daß er nicht die Kraft haben würde, sich einen Weg zu bahnen, blieb daraufhin stehen und schaute um sich. Der Ausdruck des Nachdenkens in diesem Kindergesicht war sehr interessant. Hätte ich einen Fotoapparat gehabt, ich hätte diesen Ausdruck festgehalten. Er faßte einen kleinen Sessel ins Auge und dachte offensichtlich daran, ihn hinter die Gruppe der Kinder zu tragen und darauf zu steigen. Er ging mit vor Hoffnung leuchtendem Gesicht auf den Sessel zu, doch in diesem Augenblick nahm die Lehrerin ihn brutal (oder vielleicht liebevoll ihrer Meinung nach) auf den Arm, ließ ihn das Becken über die Köpfe der anderen Kinder hinweg sehen und sagte: ‚Komm, mein Lieber, komm, du Ärmster, sieh es dir auch an!' Als er die Schwimmkörper sah, empfand der Junge gewiß nicht dieselbe Freude, wie wenn er mit eigener Kraft das Hindernis überwunden hätte; der Anblick dieser Gegenstände brachte ihm außerdem keinerlei Vorteil, während seine wohlüberlegten Bemühungen seine innere Kraft entwickelt hätten. Die Lehrerin *hinderte den Jungen,* sich selbst zu erziehen, ohne ihm dafür etwas Gutes zu geben. Er war nahe daran, sich als Sieger zu fühlen und fand sich wie ein Ohnmächtiger in zwei hilfreichen Armen wieder. Der Ausdruck von Freude, Sehnsucht und Hoffnung, der mich so interessiert hatte, verschwand aus seinem Gesicht, und es blieb der dumme Ausdruck des Kindes, das weiß, daß andere an seiner statt handeln werden." (Maria Montessori, „Die Entdeckung des Kindes", S. 60 ff)

Montessori hat sicher recht, wenn sie sagt, daß der Junge wohl nur die halbe Freude hatte, und zwar durch die Behinderung durch die Lehrerin. Alle Mütter, Väter, Erzieher, Lehrer müssen sich immer wieder kritisch fragen, wie oft sie täglich Kinder bei ihrer Selbsttätigkeit hindern und damit quasi demotivieren, eine Aufgabe oder ein Problem selbst zu lösen. Vielleicht wäre es deshalb hilfreich, nicht nur das Kind zu beobachten, sondern auch uns selbst und unser Verhalten mit dem des Kindes in Bezug zu stellen. Wir müßten dann unser Erziehungsverhalten stark verändern.

Konzentration und Aufmerksamkeit

Was hat Motivation mit Aufmerksamkeit zu tun? Montessori spricht vom „experimentellen Beitrag" ihrer Pädagogik, wenn sie sich mit dem Phänomen der Aufmerksamkeit befaßt. Wie verstehen wir Aufmerksamkeit? Der Erwachsene ist zufrieden und begeistert, wenn Kinder in eine Aktivität versinken und ganz darin aufgehen – sofern es gerade in ihr Konzept paßt. Konzentriert sich das Kind auf ein Steinchen am Wegesrand auf dem Weg zum Einkaufen, dann ist es der Mutter oft nicht recht – sie will schnell vorankommen.

Kinder hören zu, aber leider nicht nur bei einer spannenden Geschichte. Sie beobachten aufmerksam auch den Streit zwischen Erwachsenen oder die Ausrede am Telefon. Sie haben Augen und Ohren überall.

Wenn Kinder spielen, dann vergessen sie ihre Umwelt und beschäftigen sich mit einem Material. Weil den Erwachsenen dieses Material nicht „anmacht", ist es ihm unverständlich, daß es einen solchen Anreiz auf Kinder ausübt. Kinder bleiben nicht nur bei der Sache, sie wiederholen scheinbar langweilige Vorgänge immer wieder. Sie lassen sich nicht stören, werden aber zu Störenfrieden, wenn sie abrupt aus ihrer Aktivität gerufen werden. Kinder lassen sich von einer uns unbegreiflichen Motivation leiten und gelangen so zu aktivem Handeln.

Montessori bezeichnet dies als Phänomene der Aufmerksamkeit und ist immer wieder aufs neue überrascht über ihre Beobachtungen und über die Qualitäten beim Handeln und Tun der Kinder. Durch ihre Zurückhaltung macht Montessori Entdeckungen, die sonst im Verborgenen bleiben. Jeder von uns Erwachsenen könnte versuchen, neue Seiten der Kinder aufzudecken. Aber leider sehen wir primär die Unruhe, die Fehler, die ungeordnete Arbeit. Motivation und Konzentration gelten als normal und werden deshalb auch nicht besonders gewertet oder eingestuft. Auch bleibt uns häufig der Zusammenhang zwischen den Anreizen, die von einem Material ausgehen, und der Aufmerksamkeit unbekannt.

„Die Organisation des psychischen Lebens beginnt mit einem charakteristischen Phänomen der Aufmerksamkeit. – Meine experimentelle Arbeit mit kleinen Kindern von drei bis sechs Jahren stellt einen praktischen Beitrag zur Erforschung der Pflege, deren die Seele des Kindes bedarf, dar: eine ähnliche Pflege, wie sie die Hygiene für seinen Körper gefunden hat.

Ich halte es jedoch für notwendig, das *grundlegende Faktum* hervorzuheben, das mich zur Festlegung dieser Methode führte.

Als ich meine ersten Versuche unter Anwendung der Prinzipien und eines Teils des Materials, die mir vor vielen Jahren bei der Erziehung schwachsinniger Kinder geholfen hatten, mit kleinen normalen Kindern von S. Lorenzo durchführte, beobachtete ich ein etwa dreijähriges Mädchen, das tief versunken war in der Beschäftigung mit einem Einsatzzylinderblock, aus dem es die kleinen Holzzylinder herauszog und wieder an ihre Stelle steckte. Der Ausdruck des Mädchens zeugte von so intensiver Aufmerksamkeit, daß er für mich eine außerordentliche Offenbarung war. Die Kinder hatten bisher noch nicht eine solche auf einen Gegenstand fixierte Aufmerksamkeit gezeigt. Und da ich von der charakteristischen Unstetigkeit der Aufmerksamkeit des kleinen Kindes überzeugt war, die rastlos von einem Ding zum anderen wandert, wurde ich noch empfindlicher für dieses Phänomen.

Zu Anfang beobachtete ich die Kleine, ohne sie zu stören, und begann zu zählen, wie oft sie die Übung wiederholte, aber dann, als ich sah, daß sie sehr lange damit fortfuhr, nahm ich das Stühlchen, auf dem sie saß, und stellte Stühlchen und Mädchen auf den Tisch; die Kleine sammelte schnell ihr Steckspiel auf, stellte den Holzblock auf die Armlehnen des kleinen Sessels, legte sich die Zylinder in den Schoß und fuhr mit ihrer Arbeit fort. Da forderte ich alle Kinder auf zu singen; sie sangen, aber das Mädchen fuhr unbeirrt fort, seine Übung zu wiederholen, auch nachdem das kurze Lied beendet war. Ich hatte 44 Übungen gezählt; und als es endlich aufhörte, tat es dies unabhängig von den Anreizen der Umgebung, die es hätten stören können; und das Mädchen schaute zufrieden um sich, als erwachte es aus einem erholsamen Schlaf.

Mein unvergeßlicher Eindruck glich, glaube ich, dem, den man bei einer Entdeckung verspürt.

Dieses Phänomen wurde allgemein bei den Kindern. Es konnte also als eine beständige Reaktion festgestellt werden, die im Zusammenhang mit gewissen äußeren Bedingungen auftritt, die bestimmt werden können. Und jedesmal, wenn eine solche Polarisation der Aufmerksamkeit stattfand, begann sich das Kind vollständig zu verändern. Es wurde ruhiger, fast intelligenter und mitteilsamer. Es offenbarte außergewöhnliche innere Qualitäten, die an die höchsten Bewußtseinsphänomene erinnern, wie die der Bekehrung.

Es schien, als hätte sich in einer gesättigten Lösung ein Kristallisationspunkt gebildet, um den sich dann die gesamte chaotische und unbeständige Masse zur Bildung eines wunderbaren Kristalls vereinte. Nachdem das Phänomen der Polarisation der Aufmerksamkeit stattgefunden hatte, schien sich in ähnlicher Weise alles Unorganisierte und Unbeständige im Bewußtsein des Kindes zu einer inneren Schöpfung zu organisieren, deren überraschende Merkmale sich bei jedem Kinde wiederholten.

Das ließ an das Leben *eines Menschen* denken, das sich zwischen den Dingen in einem niederen chaotischen Zustand verlieren kann, bis eine besondere Sache es intensiv anzieht und fixiert – dann erlebt der Mensch die Offenbarung seiner selbst, und er fühlt, daß er zu leben beginnt.

Dieses geistige Phänomen, das das ganze Bewußtsein des Erwachsenen mit einbeziehen kann, ist also nur einer der konstanten Aspekte des Vorgangs der ‚inneren Bildung'.

Es zeigt sich, als normaler Anfang des inneren Lebens der Kinder und begleitet ihre Entwicklung, so daß es wie ein experimentelles Faktum der Forschung zugänglich ist.

Auf diese Weise offenbarte sich die Seele des Kindes, und davon geleitet entstand eine neue Methode, in der die geistige Freiheit des Kindes deutlich wurde.

Die Erzählung von dieser Anfangsgeschichte verbreitete sich rasch in der ganzen Welt und schien zuerst wie die Geschichte eines Wunders. Dann, als die Versuche bei den verschiedensten Völkern zahlreicher wurden, klärten sich nach und nach die einfachen und offensichtlichen Prinzipien dieser geistigen ‚Behandlung' ...

Die äußeren Reize können in Qualität und Quantität festgelegt werden. – Es gibt nichts Interessanteres als solche Experimente. Durch sie können mit größter *Genauigkeit* die äußeren Anregungen sowohl in Qualität als auch in Quantität festgelegt werden. Z. B. erwecken sehr kleine Plättchen verschiedener geometrischer Formen nur vorübergehend die Aufmerksamkeit eines dreijährigen Kindes; werden sie aber langsam vergrößert, erreichen sie die Grenze, wo sie die Aufmerksamkeit fesseln. Dann rufen solche Plättchen eine andauernde Aktivität hervor, und die sich daraus ergebende Übung wird ein Entwicklungsfaktor. Der Versuch wird an vielen Kindern wiederholt, und so wird die Größe einer Reihe von Gegenständen festgelegt.

Ähnliches gilt für die Farbe und alle *Qualitäten*. Damit eine Qualität so stark empfunden wird, daß sie durch die Aufmerksamkeit fesselt, ist eine gewisse Größe und Intensität des Reizes notwendig, welche nach dem Grad der psychischen Reaktion des Kindes bestimmt werden können. Das gilt für die geringste farbliche Nuance, die genügt, die Aufmerksamkeit auf die Oberfläche der bunten Täfelchen zu lenken usw. Die Qualität wird also mit Hilfe des psychischen Experimentes festgelegt, aufgrund der Tätigkeit, die sie im Kind hervorruft, das sich mit dem gleichen Gegenstand längere Zeit beschäftigt und auf diese Weise einen Vorgang von innerer Entwicklung, von Selbstbildung vollzieht.

Unter den Eigenschaften der Gegenstände muß *eine* hervorstechen, die die höchste Aktivität der Intelligenz wachruft, und diese muß die *Fehlerkontrolle* einschließen.

Damit ein Selbsterziehungsprozeß stattfinden kann, genügt es nicht, daß der Reiz eine Aktivität ‚wachruft', sondern er muß diese auch lenken. Das Kind muß nicht nur beharrlich bei einer Übung verweilen, sondern es muß auch dabei beharren, ohne Fehler zu begehen. Alle äußeren und inneren Eigenschaften der Gegenstände müssen nicht nur gemäß den unmittelbaren im Kind hervorgerufenen Aufmerksamkeitsreaktionen bestimmt werden, sondern auch gemäß der grundlegenden Eigenschaft, die Fehlerkontrolle zu ermöglichen, d. h. das Zusammenwirken höherer Aktivitäten wachzurufen (Vergleich, Urteil). Einer der ersten Gegenstände, der z. B. die Aufmerksamkeit des dreijährigen Kindes auf sich lenkt, sind die Einsatzzylinderblocks (Serie von Zylindern verschiedener Größe, die sich herausnehmen und einsetzen lassen). Sie enthalten eine sehr mechanische Kontrolle; denn wenn auch nur ein Fehler beim Hineinstecken der Zylinder begangen wird, bleibt einer übrig. Der Fehler ist also ein Hindernis, das nur durch die Verbesserung überwunden werden kann, sonst kann die Übung nicht weitergeführt werden. Andererseits ist die Verbesserung so einfach, daß das Kind allein darauf kommt. Das kleine Problem stellte sich dem Kind fast wie ein unerwarteter, aus einer Zauberbüchse springender Gegenstand und weckte sein Interesse.

Man beachte jedoch, daß nicht das ‚Problem' an sich das Interesse weckt – es ist nicht der Antrieb zur Wiederholung der Handlung und zum Fortschritt des Kindes. Was das Kind interessiert, ist die Empfindung, nicht nur Gegenstände umzustellen, sondern eine neue Einsicht zu gewinnen, nämlich: die Größenunterschiede der Zylinder zu erkennen, die es vorher nicht wahrnahm. Das *Problem* tritt nur im Zusammenhang mit dem *Fehler* auf, es begleitet nicht den normalen Entwicklungsablauf. Wenn das Interesse nur durch die *Neugier*, durch das ‚Problem' hervorgerufen würde, wäre es kein bildendes Interesse, das seinen Ursprung in den Bedürfnissen des Lebens selbst hat und deshalb den Aufbau der inneren Persönlichkeit lenkt. Wenn nur das Problem die Seele leiten würde, könnte es ihre Ordnung stören wie jede andere äußere Ursache, die versucht, das Leben auf falsche Wege zu *leiten*. Vielleicht bestehe ich zu sehr auf diesem Punkt, um auf bedeutende Einwände und Bemerkungen zu antworten, die an mich gerichtet wurden.

Bereits in der zweiten Serie der Gegenstände, die das Auge im Hinblick auf die Dimensionen erziehen soll, ist die Fehlerkontrolle nicht mehr mechanisch, sondern psychologisch. Da das Auge des Kindes inzwischen daran gewöhnt ist, den Größenunterschied zu erkennen, *sieht* das Kind selbst den Fehler, wenn nur die Gegenstände eine bestimmte Größe erreichen und lebhaft bunt sind. Deshalb kann man sagen, daß bei diesen Gegenständen die Fehlerkontrolle in ihrer Größe selbst und in ihren lebendigen Farben liegt. Eine ganz andere, viel anspruchsvollere Fehlerkontrolle bietet das Material der pythagoraischen Tafel. Hier besteht die *Kontrolle* bereits im Vergleich der eigenen Arbeit mit einem Muster. Zu diesem Vergleich bedarf es einer bemerkenswerten intelligenten Willensanstrengung des Kindes, das damit unter die wirklichen Bedingungen einer bewußten Selbsterziehung gestellt wird. Aber die Fehlerkontrolle muß stufenweise stattfinden. Und obwohl sie sich immer weiter von einem äußeren Mechanismus entfernt, um auf die inneren Aktivitäten, die sich allmählich entwickeln, übertragen zu werden, wird die Fehlerkontrolle jedoch immer wie alle Qualitäten der Gegenstände von der grundlegenden *Reaktion* des Kindes bestimmt, das ihnen eine längere Aufmerksamkeit widmet und die Übungen wiederholt.

Bei der Festlegung der *Quantität der Gegenstände* hingegen bestehen andere Versuchskriterien. Wenn dann die

Instrumente mit großer Genauigkeit ausgearbeitet worden sind, erzeugen sie eine so geordnete und den inneren Entwicklungsfakten entsprechende Selbstübung, daß sich an einem gewissen Punkt ein neues psychisches Bild enthüllt, eine Art höhere Stufe in der allgemeinen Entwicklung.

Dann wendet sich das Kind spontan von den Gegenständen ab, aber ohne Zeichen von Müdigkeit, sondern getragen von neuen Energien. Sein Geist ist zur Abstraktion fähig. Auf dieser Entwicklungsstufe wendet das Kind seine Aufmerksamkeit der ‚äußeren Welt' zu, und es beobachtet diese mit einer Ordnung, die sich in seinem Geist gemeinsam mit der vorhergehenden Entwicklung geformt hat; und es beginnt spontan eine Reihe abgewogener und logischer Vergleiche anzustellen, die ein wahres spontanes Erlangen von ‚Bewußtsein' bedeuten. Diese Periode ist bereits als ‚Entdeckungsperiode' bekannt, und diese Entdeckungen erwecken im Kind Begeisterung und Freude.

Diese höhere Entwicklungsstufe ist für den weiteren Aufstieg sehr fruchtbar. Die Aufmerksamkeit des Kindes darf nicht an die Gegenstände gefesselt werden, wenn der delikate Vorgang der Abstraktion beginnt. Der Lehrer, der z. B. in diesem Augenblick das Kind dazu auffordern würde, seine Tätigkeit an den Gegenständen wieder aufzunehmen, würde damit die spontane Entwicklung verzögern und ihr ein Hindernis in den Weg stellen. Wenn die Hochstimmung gelöscht wird, die das Kind zu so großer intellektueller Begeisterung führt, ist ein Weg des Fortschritts verschlossen. Der gleiche Fehler kann durch eine *übermäßige Quantität* des Entwicklungsmaterials gemacht werden; sie kann die Aufmerksamkeit zerstreuen, die Übungen mit den Gegenständen mechanisieren und das Kind an dem psychologischen Moment seines Aufstiegs vorbeigehen lassen, ohne sich dessen bewußt zu werden, ohne ihn zu ergreifen. Diese Gegenstände sind meistenteils unnütz, und an ihrer Überflüssigkeit kann sich die ‚Seele verlieren'.

Das *Notwendige ist ausreichend* und entspricht den inneren Bedürfnissen eines Lebens, das sich in der Entwicklung, d. h. im Aufstieg befindet. Das muß genau festgehalten werden. Diese ‚Quantität' läßt sich durch Beobachtung der Gesamtheit der aktiven Äußerungen des Kindes bestimmen. Die Kinder, die sich lange auf die Arbeit mit diesen gewissen Gegenständen konzentriert hatten – mit dem Ausdruck intensiver Aufmerksamkeit –, erheben sich eines Tages allmählich und unmerklich wie Flugzeuge nach ihrem kurzen Lauf auf der Erde. Die scheinbare Abwendung von den Objekten offenbart sich in ihrem wahren Wesen durch den strahlenden, freudigen Ausdruck ihres Gesichts. Das Kind tut scheinbar nichts, aber nur für einen Augenblick. Bald wird es uns sagen, was in ihm vorgeht, und dann wird seine explodierende Aktivität es zu immer neuen Erforschungen und Entdeckungen führen. Das Kind ist gerettet.

Dagegen steht das Beispiel anderer Kinder, bei denen der gleiche ursprüngliche Vorgang auftrat, die jedoch von zu vielen Gegenständen umgeben waren. Sie waren im Augenblick der *Reife* gefangen, verstrickt und deutlich mit ‚Fallstricken' an die Erde gebunden. Eine Verminderung der Intensität der Aufmerksamkeit gegenüber den neuen Gegenständen, die Unbeständigkeit und damit die Müdigkeit äußern sich in einem offensichtlichen Abflauen der inneren Aktivität. Das Kind neigt zu schlechten Gewohnheiten wie albernes Lachen, Unfreundlichkeit und Faulheit. Es verlangt ‚andere Gegenstände' und wieder ‚andere Gegenstände', denn es ist ein Gefangener im Kreis der unnützen Dinge und fühlt nur das Bedürfnis, seine Langeweile zu mindern. Ähnlich wie der Erwachsene, der im Chaos des Lebens den gleichen Fehler beging, wird das Kind undiszipliniert, faul und ‚läuft Gefahr, sich zu verlieren'. Wenn ihm niemand hilft, indem er ihm die unnützen Gegenstände wegnimmt und ihm seinen ‚Himmel' zeigt, wird es kaum die Energie haben, dies von selbst zu tun.

Diese beiden extremen Typen vermitteln eine Vorstellung von den Kriterien, mit denen experimentell die ‚Quantität' der Entwicklungsgegenstände festgelegt wird.

Das Zuviel schwächt und verzögert den Fortschritt. Das wurde immer wieder von allen meinen Mitarbeiterinnen bestätigt. Wenn dagegen aber zu wenig Material vorhanden und die ursprüngliche Selbstübung unfähig zu jener Reife ist, die den Aufstieg ermöglicht, bricht nicht dieses spontane Phänomen der Abstraktion aus, das die zweite Stufe in der Selbsterziehung darstellt, die zu einem unbegrenzten Fortschritt weiterführt.

Das gleiche grundlegende Phänomen intensiver und langwährender Aufmerksamkeit, das die Wiederholung der Handlungen mit sich bringt, führt dazu, die geeigneten Anstrengungen je nach dem *Alter* des Kindes zu finden. Ein Reiz, der ein dreijähriges Kind eine Handlung 40mal wiederholen läßt, mag bei einem sechsjährigen Kind die Wiederholung der gleichen Handlung nicht mehr als zehnmal hervorrufen. Der Gegenstand, der das Interesse des dreijährigen Kindes erweckt, mag das sechsjährige Kind nicht mehr interessieren. Dennoch ist das sechsjährige Kind fähig, seine Aufmerksamkeit viel länger zu fixieren als ein dreijähriges Kind, wenn die Anregung seiner Aktivität entspricht; z. B. kann ein dreijähriges Kind die gleiche Handlung höchstens 40mal hintereinander wiederholen, während das sechsjährige Kind in der Lage ist, die Handlung, die es interessiert, bis zu zweihundertmal zu wiederholen. Die längste ununterbrochene Arbeitszeit mit dem gleichen Gegenstand kann beim dreijährigen Kind höchstens eine halbe Stunde betragen, während sie beim sechsjährigen Kind zwei Stunden übertrifft.

Es kann daher keinen Wert haben, vernünftige systematische Übungen zu einem Zweck wie dem der Vorbereitung des Schreibens festzulegen, ohne das Alter in Betracht zu ziehen. Mein Schreibsystem gründet sich z. B. auf die direkte Vorbereitung der physiologisch daran beteiligten Bewegungen: d. h. die Handhabung des Schreibinstrumentes und das Nachfahren des Buchstabens. Im einen Fall füllt das Kind die Konturen der Einsätze mit vielen parallelen Strichen aus, und im anderen Fall berührt es Sandpapierbuchstaben. Dabei *fixiert* es so perfekt die beiden Muskelmechanismen, daß sich zum Schluß die Explosion einer schönen ‚spontanen Schrift' ergibt. Diese ist bei allen Kindern wundervoll gleichförmig, denn gleichsam von derselben Form geprägt, haben sie die Bewegungen bei der Berührung des gleichen Alphabets in sich aufgenommen und geben nun getreu die Form wieder. Damit dies geschieht, oder besser, damit ein wirklicher Bewegungsmechanismus fixiert wird, muß die Übung lange Zeit wiederholt werden. Das Hauptinteresse des Kindes, die Figuren mit parallelen Linien auszufüllen und vor allem, die Buchstaben zu berühren, liegt meistens zwischen dem vierten und fünften Lebensjahr. Wenn wir das gleiche Material einem sechsjährigen Kind zur Verfügung stellen, wird es die Buchstaben nicht mehr in ausreichender Form berühren und für immer unvollkommen schreiben im Vergleich zu dem Kind, das im richtigen Alter mit der Übung begann. Dies wiederholt sich durch alle anderen Einzelheiten des Systems hindurch. Man kann also mit einer, glaube ich, bisher nie erreichten Genauigkeit experimentell die Fähigkeit des Kindes je nach seinem Alter festlegen und von daher bestimmen, wo, je nach dem Alter, das Durchschnittsniveau der intellektuellen Entwicklung liegt, wenn das geeignete Entwicklungsmaterial geboten wird.

Dies ist ein Hinweis auf die Möglichkeit, die Entwicklungshilfsmittel so genau zu *bestimmen*, daß eine wirkliche Übereinstimmung zwischen den inneren Bedürfnissen und den Anregungen gegeben ist, so wie eine Übereinstimmung zwischen dem Insekt und der Blume besteht.

Für den, dem das alles bereitsteht, ist die Aufgabe ‚sehr leicht', das psychische Leben des Kindes sich auf natürliche Weise entwickeln zu lassen. Mit der Verfügung über diese Gegenstände kann jeder in der Schule *die Freiheit realisieren*.

Diese langwierigen, im stillen betriebenen Versuche – zu denen ich, wie bereits gesagt, von Itard und Séguin angeregt wurde – sind mein erster Beitrag zur Erziehung.

Diese ganze Vorbereitungsarbeit diente zur ‚Fixierung' der heute bekannten Methode, ist aber auch der Schlüssel zu ihrer Fortsetzung." (Maria Montessori, „Schule des Kindes", S. 69 ff)

Je jünger ein Kind ist, desto öfters wiederholt es scheinbar monotone Tätigkeiten und ist von der Sicherheit, daß es eine Aufgabe bewältigt, immer wieder neu begeistert. Es freut sich über den Erfolg, den es aus eigener Kraft erzielt und der es immer wieder motiviert.

In den Gegenständen oder Spielmaterialien steckt „die Qualität", die Kinder zu Konzentration und Aufmerksamkeit führt. Allerdings kann die Wirkung bei gleichen Materialien auf verschiedene Kinder von unterschiedlicher Intensität sein – eben abhängig vom Entwicklungsstand und der sensiblen Periode, die das Kind eben durchläuft. Eltern, Erzieher, Lehrer, die ihr Kind umfassend beobachten, werden feststellen, welches Entwicklungsmaterial ihr Kind am besten anspricht und wann es ergänzt oder verändert werden muß, um den inneren Bedürfnissen des Kindes zu entsprechen. Hinzu kommt die freie Wahl des Kindes aus den bereitgestellten Materialien. In Freiheit wählt das Kind aus, also eigenmotiviert. Die Steuerung durch den Erwachsenen liegt nur im Angebot, das zur Verfügung gestellt wird. Die vorbereitete Umgebung ist von höchster Bedeutung. Beobachtung von Kindern und die Motivation sind also untrennbar miteinander verbunden.

Die Entwicklung des Willens

Immer wieder herrscht die Meinung vor, daß Kinder alles genau wissen wollen und aus diesem Grund Gegenstände und Spielmaterialien zerlegen würden. Das Kind will jedoch auch selbständig mit den Dingen umgehen. Es will sich also selbst ankleiden, das Wasser am Waschbecken aufdrehen und somit sein Leben selbst „organisieren". Darauf ist die Erwachsenenwelt allerdings nicht immer eingestellt. Die kindlichen Wünsche und Bedürfnisse werden mit Worten abgetan wie: „Du bist noch zu klein dazu." Montessori will deshalb in ihren Kinderhäusern eine Umgebung, die in den Proportionen den Kindern angemessen ist, weil nur dann das Kind aktives Leben entwickeln könne.

„Bekannterweise zerstört das Kind das Spielzeug, und diese *Zerstörung* der einzigen Dinge, die für das Kind hergestellt wurden, scheint uns der Beweis für seine Intelligenz zu sein. Wir sagen: ‚Es zerstört, weil es verstehen will.' In Wirklichkeit sucht das Kind, ob in dem Spielzeug etwas Interessantes ist; denn außen ist es für das Kind uninteressant. Manchmal zerbricht das Kind das Spielzeug wütend, wie ein beleidigter Mensch. Dann zerstört es, wie wir sagen, ‚aus Böswilligkeit'.

Das Kind strebt danach, mit allen Dingen seiner Umgebung real zu leben; es möchte wirklich ein Waschbecken für sich benutzen, sich anziehen, die Haare eines lebendigen Kopfes kämmen; es möchte wirklich den Boden kehren; es möchte auch Stühle, Tische, Sessel, Kleiderständer und Schränke besitzen. Es wünscht wirklich zu arbeiten, ein intelligentes Ziel zu erreichen, Behaglichkeit in *seinem* Leben zu haben. Auf diese Weise muß es sich nicht nur ‚wie ein Mensch verhalten', sondern ‚den Menschen aufbauen'; das ist die vorherrschende Tendenz seiner Natur, seine ‚Mission'.

Wir haben das Kind in den ‚Kinderhäusern' glücklich und geduldig, gelassen und genau, wie der beste Arbeiter und gewissenhafteste *Bewahrer* der Gegenstände gesehen. Um es glücklich zu machen, genügen die einfachsten Dinge: Die Kleider an einen niedrigen, für es erreichbaren Kleiderständer zu hängen; eine leichte Tür zu öffnen, deren Griff der Größe seiner Hand entspricht; leise und mit Anmut einen Stuhl versetzen, dessen Gewicht der Kraft seiner Arme angepaßt ist. Wir stehen hier vor einer ganz einfachen Tatsache: Man muß dem Kind eine Umgebung bieten, in der alle Dinge seinen Proportionen entsprechend gebaut sind; und dort soll man es leben lassen. Dann entwickelt sich in ihm jenes ‚aktive Leben', das zu solcher Verwunderung geführt hat; denn man sah darin nicht nur eine einfache, mit Vergnügen *durchgeführte Übung*, sondern die Offenbarung eines geistigen Lebens. In dieser harmonischen Umgebung haben wir beobachtet, wie sich das Kind in die intellektuelle Arbeit vertieft, wie ein Samen, der seine Wurzeln in die Erde schlägt und sich dann entwickelt und wächst durch ein einziges Mittel: die lange Ausdauer bei jeder Übung." (Maria Montessori, „Schule des Kindes", S. 27)

Auch die Bewegung ist wichtig. Die Muskeln der Kinder müssen sich ausbilden können. Ähnlich ist es mit dem Willen. Um ihn zu erziehen, braucht er nicht zuerst gebrochen zu werden. Nicht die Erwachsenen machen etwas aus dem Kind, das Kind entwickelt sich selbst und braucht dazu gewisse Rahmenbedingungen. Dazu gehören Freiheit, Unabhängigkeit, eine vorbereitete Umgebung, Verständnis, Vertrauen, Entscheidungskompetenz, Akzeptanz. Gängelung ist nicht nötig, dafür aber Begleitung durch Beobachtung und ungeteilte Aufmerksamkeit.

„Sicher käme niemandem in den Sinn, daß es notwendig sei, um die willentliche Bewegung eines Kindes zu erziehen, dieses zuerst in der absoluten Unbeweglichkeit zu halten, seine Glieder *einzugipsen* (ich will nicht sagen, sie zu brechen!) und dann zu warten, bis sich die Muskeln zurückbilden und fast gelähmt sind; und daß es dann an diesem Punkt genügen würde, den Kindern wunderbare Geschichten über Clowns, Akrobaten und Weltmeister im Ringkampf vorzulesen, um sie durch das Beispiel anzuregen und in ihnen den brennenden Wunsch der Nachahmung zu entflammen. Offensichtlich läge darin die unbegreiflichste Absurdheit.

Und doch machen wir etwas Ähnliches, wenn wir, um den ‚Willen' des Kindes zu erziehen, diesen zuerst vernichten oder – wie wir sagen – ‚brechen' wollen; und somit verhindern wir die Entwicklung jeglichen Willenfaktors, indem wir uns in allem an die Stelle des Kindes setzen. Es ist unser Wille, der es unbeweglich sein läßt oder zum Handeln veranlaßt; wir wählen und entscheiden an seiner Statt. Und nach all dem begnügen wir uns, es zu lehren: ‚Wollen ist Können'. Wir bieten seiner Phantasie in Form von märchenhaften Erzählungen die Geschichte von heroischen Männern und Giganten des Willens in der Illusion, daß durch das Auswendiglernen dieser Taten ein starkes Gefühl des Nacheiferns entstünde und Wunder vollbringe.

Als ich Kind war und die ersten Grundschulklassen besuchte, hatten wir eine sehr freundliche Lehrerin, die uns sehr liebte. Sie hielt uns natürlich wie Gefangene unbeweglich in den Bänken und sprach ununterbrochen, obwohl sie blaß und erschöpft war. Ihre fixe Idee bestand darin, uns das Leben berühmter Frauen und vor allem der ‚Heldinnen' auswendig lernen zu lassen, um uns dadurch anzuspornen, diese nachzuahmen; sie ließ uns unzählige Biographien lernen, damit uns gewissermaßen *alle Möglichkeiten*, berühmt zu werden, bekannt waren und auch, damit wir uns davon überzeugten, daß es nicht unmöglich sei, es zu werden, da es sie in so großer Zahl gab. Die Aufforderung, mit der sie diese Erzählungen begleitete, war immer dieselbe: ‚Auch du mußt versuchen, berühmt zu werden; willst nicht auch du berühmt werden?' ‚O nein!' antwortete ich ihr eines Tages ärgerlich, ‚ich werde es nie werden; ich habe die Kinder der Zukunft zu lieb, um noch eine Biographie hinzuzufügen.'" (Maria Montessori, „Schule des Kindes", S. 179 ff)

Arbeit, das heißt kindliche Aktivität, ist Mittel zum Aufbau des inneren Menschen. Dabei haben Kinder ihren eigenen Willen, klare Ziele und Wege, die es zu akzeptieren gilt. Sie müssen eigene Erfahrungen machen. Im Prozeß der Selbsterziehung und des Experiments entwickelt sich auch Motivation zu aktivem Tun. Sie spüren ganz sensibel auf, wenn wir sie nicht verstehen, ihr Handeln ablehnen, sie einengen, ihnen unseren Willen aufzwingen wollen. Montessori führt uns dies in fast allen ihren Vorträgen und Schriften immer wieder vor Augen.

Persönlichkeitsbildung beginnt bereits beim kleinen Kind. Wenn ihm Akzeptanz widerfährt, wenn man ihm Entscheidungskompetenz einräumt, dann können sie ihren Auftrag als „Baumeister des Menschen" erfüllen. Das Kind offenbart uns seinen Weg. Es geht darum, ihn zu erkennen und zuzulassen, daß es diesen Weg auch gehen kann.

„Das kleine Kind, das als erste konstruktive Handlung seines psychischen Lebens die Ausdauer in einer Arbeit manifestiert und auf dieser Handlung dann die innere Ordnung, das Gleichgewicht und das Wachstum der Persönlichkeit aufbaut, zeigt uns fast wie eine erleuchtende Offenbarung den Weg, der zur Errichtung der menschlichen Werte beschritten werden muß. Das kleine Kind, das vertieft und konzentriert bei seiner Arbeit beharrt, arbeitet evident den beständigen, charakterstarken Menschen heraus, der in sich alle jene menschlichen Werte hat, die in der grundlegenden einzigartigen Äußerung ihre Krönung finden: der Beständigkeit in der Arbeit. Es kommt nicht darauf an, welche Arbeit das Kind auswählt; wichtig ist, es widmet sich ihr mit Ausdauer. Denn der Wert liegt nicht in der Arbeit an sich, sondern in der Arbeit als Mittel zum Aufbau des inneren Menschen.
Wer die Kinder in ihrer Beschäftigung unterbricht, damit sie bestimmte Dinge lernen, wer sie aufhören läßt, zu rechnen, um zur Geographie überzugehen oder ähnliches, weil er der Meinung ist, ihre Bildung lenken zu müssen, verwechselt das Mittel mit dem Ziel und zerstört einen Menschen einer Nichtigkeit wegen. Was gelenkt werden muß, ist nicht die Bildung des Menschen, sondern der Mensch selbst...
Unsere kleinen Kinder bauen ihren eigenen Willen auf, wenn sie in einem Prozeß der Selbsterziehung Komplexe

innerer Aktivitäten des Vergleiches und des Urteilens in Bewegung setzen, um derart mit Ordnung und Klarheit ihre geistigen Erwerbungen zu machen. Diese Art der ‚Kenntnisse' ist in der Lage, auf die Entscheidung vorzubereiten, und macht sie von den Ratschlägen anderer unabhängig; sie treffen dann bei jeder Handlung während des Tages ihre *Entscheidung*; sie entscheiden, ob sie etwas nehmen oder lassen; sie entscheiden, ob sie dem Rhythmus eines Liedes mit Bewegungen folgen sollen; sie entscheiden, jeden Bewegungsimpuls zurückzuhalten, wenn sie die Stille wollen. Die *konstante Arbeit*, die ihre Persönlichkeit aufbaut, gewinnt ihren ganzen Antrieb aus *Entscheidungen* und tritt so an die Stelle des anfänglichen *chaotischen* Zustands, in dem die *Handlungen* dagegen nur von *Impulsen* angetrieben wurden. In ihnen entwickelt sich ein *willensstarkes Leben*; die Schüchternheit und der Zweifel verschwinden gemeinsam mit der Dunkelheit der ursprünglichen geistigen Konfusion.

Der Wille würde sich unmöglich so entwickeln, wenn wir statt im Geiste die Ordnung und die Klarheit *reifen* zu lassen versuchen würden, diesen mit zusammenhanglosen Begriffen und Ablagerungen auswendig gelernter Lektionen vollzustopfen; und wenn wir die Entscheidung der Kinder verhindern würden, indem wir selbst in allen Dingen für sie entschieden. Die Lehrerinnen, die so vorgehen, haben recht zu sagen, daß ‚das Kind keinen Willen haben darf", und es zu lehren, ‚daß es das Kraut ›ich will‹ nicht gibt.' Tatsächlich verhindern sie, daß sich der kindliche Wille entwickelt. Die Kinder verspüren so eine Kraft, die alle ihre Handlungen hemmt, sie werden ‚schüchtern', und sie haben nicht den Mut, etwas ohne die Hilfe und die Zustimmung der Person zu unternehmen, von der sie vollständig abhängen. „Welche Farbe haben diese Kirschen?"

fragte einmal eine Frau ein Kind, das genau wußte, daß sie rot waren. Aber das schüchterne und verängstigte Kind war im Zweifel, ob es recht oder falsch sei zu antworten, und murmelte: ‚Ich werde die Lehrerin fragen.'

Der zur Entscheidung vorbereitende Mechanismus ist einer der wichtigsten Mechanismen des Willens; er ist für sich ein Wert und muß in sich gefestigt und gestärkt werden." (Maria Montessori, „Schule des Kindes", S. 170ff)

Das Kind kämpft für die Entwicklung seines Willens. Es äußert sich trotzig „Ich will". Das ist oft ein Ärgernis für Eltern, Lehrer und Erzieher. Der Kampf zwischen Kind und Erwachsenem beginnt. Was berechtigt aber den Erwachsenen, den Willen des Kindes zu brechen und ihm seinen Willen aufzuzwingen? Er steht nicht über dem Kind. Er weiß nichts besser als das Kind. Der Erwachsene steht lediglich auf einer anderen Stufe des Menschseins. Es wird der Tag kommen, an dem er aufblicken wird zu dem Wesen, das er als Kind gedemütigt und für nichtig empfunden hat. Kinder urteilen und erkennen in einer Offenheit und Klarheit, die dem Erwachsenen oft Angst macht. Sie sind von einem inneren Antrieb geleitet, motiviert durch den Prozeß der Selbsterziehung. Lassen wir das Kind sich entfalten, aber verwechseln wir diese Entfaltung nicht mit „laissez-faire".

Inneres Wachsen

In der Willenskraft des Kindes verbergen sich innerer Antrieb und Motivation. Diese verborgenen Kräfte gilt es nicht nur zu entdecken, sondern zu akzeptieren und für die kindliche Erziehung nutzbar zu machen. Die Energie, die Kinder für eine Sache einsetzen, muß vom Erwachsenen analysiert werden. Das Wissen und die Sicherheiten, die Kinder im täglichen Tun erworben haben, verteidigen sie vor den Einwendungen der Erwachsenen. Montessori sagt immer wieder, daß die Kinder nicht die kleinen „Dummerle" sind, für die sie von den Erwachsenen gehalten werden, die kleinen Menschen, die den großen Erwachsenen brauchen, um Mensch zu werden.

Es ist ein wahres Glück, daß Kinder nicht so schnell aufgeben. Die Kraft des inneren Wachstums, die in ihnen steckt, läßt sie auch unter widrigen Bedingungen nicht so schnell resignieren. Montessori spricht sogar vom „Kampf und der Rebellion" der Kinder, um ihre kleinen Erfolge in der Umgebung zu verteidigen.

„Die Kinder müssen durch Kampf und Rebellion ihre kleinen Errungenschaften in der Umgebung verteidigen. Wenn sie ihre Sinne üben wollen, z. B. den Tastsinn, werden sie von allen verurteilt: Nicht anfassen! Wenn sie in der Küche versuchen, etwas zu nehmen, einige Bröckchen, um irgendeine Mahlzeit zu bereiten, werden sie verjagt. Sie werden erbarmungslos zu ihrem Spielzeug zurückgeführt. Wie oft wurde einer dieser wunderbaren Augenblicke, in denen sich ihre Aufmerksamkeit vertieft und in ihrem Innern jener zu ihrer Entwicklung beitragende Organisationsprozeß beginnt, plump unterbrochen! Wie oft geschah dies mit der spontanen Anstrengung der Kinder, aufs Geratewohl in der Umgebung nach Dingen zu suchen, die ihre Intelligenz fördern! Haben wir nicht vielleicht alle den Eindruck, daß in unserem Leben irgend etwas für immer erstickt wurde?

Ohne daß wir uns recht die Ursache zu erklären wissen, fühlen wir jedoch, daß wir etwas Wertvolles im Laufe unseres Lebens verloren haben: Wir wurden beraubt und beeinträchtigt. Vielleicht wurden wir in den Augenblicken, in denen wir damit beschäftigt waren, uns selbst zu schaffen, unterbrochen und verfolgt; und unser innerer Organismus blieb rachitisch, schwach und unzulänglich.

Stellen wir uns einmal erwachsene Menschen vor, die nicht wie der Großteil der Menschen in ihren Bedingungen fixiert sind, sondern die sich in einem Zustand innerer ‚Selbst-Schöpfung' befinden, wie es bei genialen Menschen ist. Nehmen wir einen Schriftsteller in einem Moment dichterischer Inspiration: Er durchlebt den Augenblick, in dem das ihm eingegebene Werk zur Hälfte für andere Menschen entsteht. Oder nehmen wir einen Mathematiker, der die Lösung eines großen Problems ahnt, aus dem neue, die Menschheit nützliche Gesetze entstehen würden. Oder nehmen wir einen Künstler, in dessen Geist gerade ein ideales Bild entstanden ist, das sofort auf die Leinwand gebracht werden muß, weil sonst ein Meisterwerk verlorenginge. Stellen wir uns diese Art von Menschen in solchen psychologischen Momenten vor. Wenn also ein brutaler

Mensch zu ihnen käme und laut schreien würde, man solle ihm folgen, sie bei der Hand nähme oder an den Schultern hinausschieben würde. Und wozu? Weil ein Schachbrett zum Spiel bereit steht. Oh! Würden diese Menschen ausrufen, ihr hättet nichts Fürchterlicheres tun können! Unsere Inspiration ist verloren, und die Welt ist einer Dichtung, eines künstlerischen Meisterwerks, einer nützlichen Entdeckung beraubt, und das durch diesen Unsinn!

Aber das Kind verliert nicht eines dieser Erzeugnisse: Es verliert sich selbst. Denn das Meisterwerk, das es im Innern seines schöpferischen Genies hervorbringt, ist der neue Mensch. Diese ‚Launen', diese ‚Bosheiten', diese ‚mysteriösen Ausbrüche' der Kleinen sind vielleicht der unterdrückte Unglücksschrei ihrer unverstandenen Seele.

Aber es leidet nicht nur die Seele; mit ihr leidet auch der Leib. Denn der Mensch ist dadurch gekennzeichnet, daß der Geist Teil an seiner gesamten körperlichen Existenz hat.

In einem Findelhaus war ein äußerst häßliches kleines Kind, das trotzdem die große Liebe einer der Pflegerinnen auf sich gezogen hatte. Diese erzählte eines Tages einer der Vorstandsdamen, daß dieses Kind langsam schöner würde. Die Dame ging es besuchen, fand es aber sehr häßlich und dachte: Wie doch die Gewohnheit in unseren Augen die Schwächen anderer verwischt. Nach einiger Zeit machte ihr die Pflegerin wieder die gleiche Bemerkung; die Dame machte höflicherweise wieder einen Besuch, und da sie die Wärme spürte, mit der ihr das Fräulein von dem Kind sprach, dachte sie gerührt, daß die Liebe sie wahrscheinlich blind mache. Es vergingen weitere Monate, und endlich sagte die Pflegerin triumphierend, daß sich nun niemand mehr täuschen könne, denn das Kind sei wirklich ‚schön' geworden. Die Dame mußte zu ihrem Erstaunen feststellen, daß dies stimmte; der Körper des Kindes hatte sich un-

ter dem Einfluß einer großen Liebe geradezu gewandelt."
(Maria Montessori, „Schulde des Kindes", S. 30 ff)

Mit Montessori müssen wir uns wirklich die Frage stellen, ob in unserem Leben nicht wirklich Dinge (für immer) erstickt werden? Wie oft erhielten wir auf Fragen keine Antworten, weil wir dies noch nicht verstehen würden? Wie oft wurde unser Handeln unterbrochen mit der Begründung, es zu lassen, es sei zu schwierig, es sei unnötig? Wie oft wurde tiefes Interesse im Keim erstickt, weil es der Zensur der Erwachsenen nicht zu widerstehen vermochte? Wie oft wurden die Chancen der kindlichen Lernbereitschaft unterdrückt? Wie oft wurde kindliche Überlegenheit von den Erwachsenen mißbilligend abgelehnt? Schöpferische Ausbrüche, von der modernen Psychologie als „flow" bezeichnet, werden als Unart und unpassend ignoriert. Gleichzeitig werden Menschen mit Fähigkeiten wie Kreativität, Offenheit, Toleranz, Sachkompetenz, Entscheidungsfreudigkeit, Flexibilität, Verantwortungsbereitschaft ... gefordert. Denn nur mit diesen Fähigkeiten werden wir den Aufgaben des nächsten Jahrtausends gewachsen sein. Montessori hat in ihrer Pädagogik und in ihrer praktizierten Arbeit diese Schlüsselqualifikationen nicht nur beschrieben, sondern ein Konzept und Materialien geschaffen, die den Menschen für diese neuen Herausforderungen befähigen und für die aktuelle Umsetzung vorbereiten.

Jeder Mensch kann nur aus sich heraus, aus eigener Kraft und eigenem Willen Großes leisten. Alle Genies waren und sind auf Schlüsselqualifikationen angewiesen, die man nicht mit schulischen Methoden erwerben kann. Vielmehr braucht es dazu eine „Entwicklungspädagogik" oder, wie

Montessori schreibt, „eine experimentelle Pädagogik", die nicht vereinheitlicht und normiert, sondern die an dem Wunder Mensch ganz individuell ansetzt.

Die Ausbrüche von Kindern, die Unarten, bezeichnet Montessori als unterdrückte Unglücksschreie ihrer unverstandenen Seele. Die Kinder haben noch die Kraft sich zu wehren, ihre Bedürfnisse zum Ausdruck zu bringen Sie können noch aufrecht gehen und ihren Widersachern offen in die Augen sehen. Wie viele Erwachsene haben sich gebeugt, haben sich selbst verloren, sind angepaßte Marionetten in einem System geworden, haben ihre Ideen und Kreativität vertauscht mit Anpassung und Monotonie und werden nicht selten in ihrer Seele krank. Und alle hatten einst die gleichen Chancen und Möglichkeiten, doch ihre Freiheit und ihre Entwicklung wurden eingeschränkt, eingeschränkt von Menschen, die sich Erzieher oder Erziehende nennen und von Kindern herablassend als Zöglingen oder Zuerziehenden sprechen.

Kinder sind das Spiegelbild dessen, wie wir mit ihnen umgehen. Wenn Kinder immer „schlimmer" werden, dann müssen wir uns fragen, welchen Anteil wir daran haben. Es ist zu billig, den Kindern für etwas die Schuld zuzuweisen, für das sie keine Verantwortung tragen. Wenn hochmotivierte Kinder zu demotivierten und störenden Nichtstuern werden, so müssen sich die Erwachsenen kritisch fragen, was sie falsch gemacht haben und Konsequenzen daraus ziehen. Sie werden dann vielleicht wieder Wege finden, die Kinder richtig zu motivieren.

Wenn Kinder es besser wissen

Der folgende Text Montessoris führt die Gedanken des letzten Kapitels weiter.

„Angenommen, eine närrische Froschmutter würde ihren kleinen Kaulquappen im Teich sagen: ‚Kommt heraus aus dem Wasser, atmet die frische Luft ein, vergnügt euch im grünen Gras, dann werdet ihr alle zu starken, gesunden kleinen Fröschen heranwachsen. Kommt schon mit, Mutter weiß es am besten!' Wenn dann die kleinen Kaulquappen versuchten zu gehorchen, würde es gewiß ihr Ende bedeuten.

Und doch ist dies die Art, wie so viele von uns versuchen, ihre Kinder zu erziehen. Wir sind darauf bedacht, sie zu intelligenten und nützlichen Bürgern zu machen, die guten Charakter und gute Manieren an den Tag legen. Und so verwenden wir viel Zeit und Geduld darauf, sie zu korrigieren, ihnen zu sagen: ‚Dies tu, und dies lasse!' Und wenn sie fragen: ‚Warum, Mammi?'– dann halten wir nicht inne, um zu bedenken, warum wir eingreifen, sondern schieben sie beiseite mit dem Wort: ‚Mutter weiß es am besten.'

Wir sind genau in derselben Position wie der törichte Frosch, wenn wir es nur sehen könnten. Dieses kleine Leben, das wir zu modellieren bemüht sind, braucht kein Drängen und Quetschen, kein Verbessern und Bemäkeln, um seine Intelligenz und seinen Charakter zu entwickeln. Die Schöpfung achtet auf die Kinder ebenso, wie sie dafür sorgt, daß die Kaulquappe zu einem Frosch wird, wenn die Zeit dazu da ist.

‚Aber‘, hörte ich Sie sagen, ‚sollen wir die Kinder tun lassen, was sie wollen? Wie können sie wissen, was das Beste für sie ist, wenn sie keine Erfahrung haben? Und denken Sie, was für kleine Wilde sie würden, wenn wir sie nicht Manieren lehrten –.‘

Und ich würde antworten: ‚Haben Sie jemals Ihren Kindern auch nur an einem Tag die Chance gegeben zu tun, was sie möchten, ohne daß Sie sich einmischten?‘

Versuchen Sie es, und Sie werden erstaunt sein. Warten Sie und beobachten Sie, wie etwas ihr Interesse einfängt. Vielleicht sehen die Kinder Sie einen Schlüssel im Schloß drehen und wollen das auch tun. Oder sie wollen Ihnen fegen helfen. Oder sie möchten eben ein paar niedliche kleine Muster mit Steinchen auf Ihren sauberen Flur legen. Und an jedem gewöhnlichen Tage würden Sie sagen: ‚Seid nicht im Weg, spielt mit euren Spielsachen!‘

Aber heute geben Sie ihnen den Schlüssel, suchen einen kleinen Besen zum Fegen, lassen Sie sie das Muster auf den Flur legen und sehen, wie sie davon gefesselt werden. Es ist oft nicht genug für Kinder, etwas ein- oder zweimal zu tun, sondern sie wollen die gleiche einfache Handlung wieder und wieder ausführen, bis sie einen inneren Drang gesättigt zu haben scheinen. Sie werden überrascht sein, wie sie vor Unfug bewahrt sind, wenn sie sich mit etwas beschäftigen dürfen, was sie wirklich interessiert. Aber wenn Sie ungeduldig eingreifen und irgendeine fesselnde Beschäftigung unterbrechen, zerstören Sie die Konzentration und Ausdauer Ihres Kindes – wertvolle Lektionen, die es sich selbst erteilt. Es wird unbefriedigt sein, ein Gefühl der Enttäuschung und Ruhelosigkeit wird es erfüllen. Und sehr wahrscheinlich wird sich das Kind in bewußtem Unfug Luft machen.

Und was ist diese Lästigkeit, die wir so befürchten, falls wir die Kinder nicht korrigieren würden? Wir sagen, wir verbesserten sie zu ihrem eigenen Wohle, und meistens glauben wir das auch ehrlich. Aber es ist merkwürdig, wie oft das, was wir als zu ihrem Besten ansehen, zugleich mit unserer eigenen Bequemlichkeit übereinstimmt: wir sind alle so eifrig mit unserem erwachsenen Frosch-Werk beschäftigt, daß wir vergessen, daß die kleinen Kaulquappen ihr eigenes Werk zu verrichten haben – das Werk, zu Männern und Frauen zu werden.

Und das ist die Arbeit, die nur sie selbst tun können. Die größte Hilfe, die wir ihnen zu bieten vermögen, ist, uns ruhig in Bereitschaft zu halten und dafür zu sorgen, daß sie frei sind, sich in ihrer eigenen Weise zu entwickeln. Wir können andererseits ihre Arbeit sehr erschweren. Wenn wir beharrlich sagen ‚Mutter weiß es am besten' und uns bemühen, ihren aufwachsenden Verstand und Charakter nach unseren eigenen Maßstäben zu formen, werden wir nur die Zerstörung der Selbstbildung erreichen. Wir werden dann die Konzentrationskraft des Kindes dadurch brechen, daß wir seine Aufmerksamkeit auf Gegenstände fixieren, die es noch nicht interessiert. Und es wird tückisch werden, wenn wir zu streng darauf bestehen.

Aber wenn wir unsere ganze Haltung ändern und uns selbst sagen: ‚Das Kleinkind weiß, was das beste für es ist. Laßt uns selbstverständlich darüber wachen, daß es keinen Schaden erleidet. Aber statt es unsere Wege zu lehren, laßt uns ihm Freiheit geben, sein eigenes kleines Leben nach seiner eigenen Weise zu leben.' Dann werden wir, wenn wir gut beobachten, vielleicht etwas über die Wege der Kindheit lernen.

Dies ist eine neue Weise, das Problem der Verantwortung zu betrachten, die so schwer auf vielen Eltern lastet.

Viele von uns, die versucht haben, die Wege der Kindheit von den Kindern her zu lernen, statt sie aus ihren eigenen Ideen abzuleiten, waren überrascht von den Entdeckungen, die sie machten. Es gibt einen Punkt, in dem wir alle übereinstimmen – Kinder leben in einer Welt ihrer eigenen Interessen, und das Werk, das sie dort verrichten, muß respektiert werden. Denn obwohl viele kindliche Aktivitäten Erwachsenen zwecklos scheinen mögen, benutzt sie die Schöpfung zu ihren eigenen Zielen. Sie baut Geist und Charakter ebenso auf wie Knochen und Muskeln.

Die größte Hilfe, die Sie Ihren Kindern geben können, ist Freiheit, ihre eigene Arbeit in ihrer eigenen Weise anzupacken, denn in dieser Materie kennt sich Ihr Kind besser aus als Sie." (Maria Montessori, „Spannungsfeld Kind – Gesellschaft – Welt", S. 12 ff)

Das ist ein Kerntext Montessoris zum weiten Themenkomplex der Motivation. Uns Erwachsenen wird damit deutlich gesagt, daß wir kein Zutrauen und Vertrauen in die Selbstentfaltungskräfte des Kindes haben. Wir greifen quasi „schützend" ein und verhindern damit, daß das Kind eigene Erfahrungen machen kann. Damit töten wir seine Motivation. Das Kind wird sich zu recht die Frage stellen, warum es sich bemühen soll, wenn der Erwachsene sowieso alles besser weiß und gar nicht will, daß es sich selbst erprobt. Das Kind will sich üben, um in die Unabhängigkeit von Erwachsenen zu gelangen, um selbständig zu werden. Aber weil Mutter und Vater die wiederholte Übung langweilig finden, unterbrechen sie das Kind und schränken es in seinem Handeln ein.

Es ist schon wahrhaft ein Teufelskreis: Motivation – Handeln – Einschränkung – Demotivation – Ermunterung – Verbote... Unser Verhalten als Erwachsene entschuldigen wir immer wieder mit Ausrede, daß alles dem Wohle des Kindes diene. Es dient aber nicht primär diesem Wohl, sondern unserer eigenen Bequemlichkeit. Wir wollen uns den Fragen der Kinder nicht stellen, wir wollen die Konsequenzen ihres Handelns nicht mit ihnen besprechen oder gar die Diskussion austragen. Es ist viel leichter, sie erst gar keine Erfahrungen machen zu lassen. Wir Erwachsenen glauben nämlich, das Ergebnis schon zu wissen. Aber eigene Erfahrungen lassen sich durch noch so differenzierte Erläuterungen und Ratschläge nicht ersetzen.

Montessori hält uns den Spiegel vor und sagt, daß wir Erwachsene viel zu sehr mit uns selbst beschäftigt sind und somit keine Zeit hätten zu beobachten, wie die Kinder ihre Entwicklung bewältigen. Um den Erwachsenen nicht gar zu nahe zu treten, wählt Montessori den Vergleich mit den Kaulquappen. Aber sie trifft uns dennoch, jeden von uns.

Kinder suchen nach Verantwortung und sind bereit, diese zu übernehmen. Dabei wollen sie aber nicht die „Sklaven" von Erwachsenen werden. Sie wollen sich von sich aus der Verantwortung stellen. Im Alltag erleben sie jedoch mehr schlechte als gute Beispiele. Warum können Erwachsene eine Vielfalt von Schäden anrichten und werden nicht zur Verantwortung gezogen? Wir müssen akzeptieren lernen, daß Kinder andere Wege gehen, individuelle Lösungen anstreben. Wer sagt uns denn, daß wir – wie wir immer meinen – aufgrund unserer Lebenserfahrung und unseres Wissens die bessere Lösung kennen?

Bei einem Vortrag in London 1946 führte Maria Montessori aus:

„Es gibt nur eine Weise der Entwicklung, die normale. Wenn sie in ihrem Gang gestört wird, wird sie fehlgeleitet. Aber jedes noch so fehlgeleitete Individuum besitzt die Tendenz, zur Normalität zurückzukehren. Wenn das nicht so wäre, könnten wir gar nichts tun. Alles, was wir also zu tun haben, ist, diese Kraft frei zu bekommen. Nur darum geht es. Es heißt nicht, den Kindern Freiheit im gewöhnlichen Sinn geben. Was für einen Sinn hat Freiheit, wenn es sich um Freiheit zur Entwicklung ihrer Abweichungen handelt? Wenn wir von Freiheit in der Erziehung sprechen, so meinen wir Freiheit für die schöpferische Kraft, welche der Lebensdrang zur Entwicklung des Individuums ist. Es handelt sich nicht um eine zufällige Kraft, wie um die einer explodierenden Bombe. Diese Kraft hat eine Lenkung, eine sehr feine, unbewußte Direktive, deren Sinn es ist, einen normalen Menschen zu entwickeln. Wenn wir von freien Kindern sprechen, denken wir an diese Kraft, die zum rechten Aufbau der Kinder frei sein muß. Diesem Zweck müssen wir helfen. Wenn wir das tun, so erleben wir, daß die Kinder zu diesem Lebensdrang zurückfinden und normal werden. Und wenn das geschieht, schwinden alle Abweichungen ...

Vor 40 Jahren sah ich zum erstenmal ein Kind sich konzentrieren.

Es war ein Kind von drei Jahren in einer Klasse von 45 anderen. Es arbeitete mit den Zylindern. Die anderen waren auch beschäftigt, aber das Wunderbare bei diesem kleinen Kind war die große Aufmerksamkeit, mit der es arbeitete, und die Tatsache, daß es die Übung viele Male wiederholte. Dies schien mir nicht normal zu sein. Es *war* normal, aber ich hatte die Psychologie jener Tage studiert, welche behauptete, daß kleine Kinder unfähig seien, sich zu konzentrieren. Als ich sah, daß dieses Kind sich so lange auf ein Interesse konzentrierte, zählte ich, wie oft es die Übung wiederholte . . Und dann bat ich die Erzieherin, alle anderen Kinder singen zu lassen. Sie sangen alle, aber dieses Kind blieb immer noch von seiner Arbeit gefesselt. Dann hörte das Kind plötzlich auf. Es hatte die Übung 40mal oder öfter getan. Es hatte sich nicht stören lassen. Es hörte auf, als innerlich etwas beendet war, ein Zyklus der Aktivität. Dieser Zyklus der Aktivität endet in einem Augenblick. Etwas hatte sich innerlich ereignet, was von großer Bedeutung war, auch wenn es sich nur bei einem dieser 45 Kinder ereignete. Wenn ich die Konzentration dieses Kindes nicht bemerkt hätte, hätte es die Erzieherin auch nicht getan. Sie hätte darauf bestanden, daß das Kind mit all den anderen eingestimmt hätte, als das Singen begann, und so wäre die Konzentration zerstört worden.

Dies war der Keim. Sie können darüber in meinen Büchern lesen. Nach diesem Ereignis ließ ich ein Kind immer ungestört, wenn ich sah, daß es sich auf eine Arbeit konzentrierte. Wir dürfen ein sich konzentrierendes Kind nicht stören, denn in diesem Kind ereignet sich innerlich etwas. Allmählich beginnen die anderen Kinder sich zu konzentrieren. An einem Tag ein Kind, am anderen Tag zwei oder drei Kinder. Wenn sie sich konzentriert haben, sind die Kinder anders. Sie haben keine besonderen Unarten mehr. Sie lösen sich und arbeiten selbständig. Unordentliche Kinder fangen an, Ordnung zu lieben. Alle werden so ordentlich, daß Unordnung etwas Außergewöhnliches wird. Sie sind genau. Sie betreten einen neuen Pfad.

Wenn die Kinder in dieser Weise normal werden, so ist ein neuer Typus von Erzieherin nötig. Eine Erzieherin, die der Normalität helfen kann. Das erste, was diese Erzieherin tun muß, ist, eine Umgebung zu bereiten. Sie muß alles in der Umgebung in Ordnung bringen. Sie muß darauf achten, daß das Material im vollkommenen Zustand ist. Sie muß dafür sorgen, daß alles anziehend ist, so daß die Kinder die Umgebung mögen, sobald sie hereinkommen. Die Erzieherin erwartet von den Kindern, daß sie ordentlich sind, und daher muß sie selbst ordentlich sein ...

Die Erzieherin muß auch verstehen, daß die Umgebung den Kindern gehört. Die Umgebung ist nicht die ihre, weil sie die Erzieherin ist. Es ist die Umgebung, in welcher sie dem kleinen Kinde hilft, Herr dieser Umgebung zu werden. Das, was in der Gesellschaft fehlt, ist ein Platz für die Kinder, wo sie nicht unterdrückt werden, sondern Mittel zur Entwicklung finden.

Die Erzieherin muß den Kindern helfen, unabhängig zu werden, um selbst die Umgebung in Ordnung zu halten. Sie muß sehr stolz darüber sein zu sehen, daß diese Kinder sich normalisieren ...

Zuerst ist das Phänomen der Konzentration notwendig. Dann sind die Kinder ruhig. Sie bewegen ihre Hände nur, wenn sie arbeiten. Ein Kind, das sich sammelt, stört die anderen nicht. Die Erzieherin muß den ersten Augenblick der Konzentration erkennen und darf ihn nicht stören. Die ganze Zukunft geht aus diesem Augenblick hervor. Und daher muß die Erzieherin willens sein, sich nicht einzumischen, wenn er eintritt. Dies ist sehr schwierig, weil die Erzieherin sich alle Augenblicke einmischen muß, *bevor* die Kinder normalisiert sind. Im allgemeinen reden die Erzieherinnen drein, wenn ein Kind arbeitet. Sie gehen hinzu und sehen, was die Kinder tun und loben sie. Dieses Lob ist eine Störung. Die Erzieherin verbessert Fehler. Auch dies ist eine Beeinträchtigung, auch wenn es eine gutgemeinte Unterbrechung ist. Einzugreifen, wenn das Kind nichtsnutzig ist, bedeutet dagegen keine Störung. Aber gerade dabei sagen die Erwachsenen so oft: ‚Oh, das Kind ist so lebendig.' Während sie, wenn das Kind ernsthaft arbeitet, oft hinzutreten und sagen: ‚Was tust du da? Zeige es mir!' Dann ist die Konzentration zerstört, sie ist vorbei. Stören Sie also nie, wenn ein Kind von sich aus arbeitet. Machen Sie sich keine Sorge darüber, ob es Fehler macht. In diesem Augenblick brauchen Sie es nicht zu verbessern. Das Wichtige ist nicht, daß das Kind mit dem Material richtig umgeht, sondern daß das Material die Aufmerksamkeit des Kindes auf sich gezogen hat. Das Kind verbessert sich selbst, indem es die Übung wiederholt, oder durch die Fehlerkontrolle, die bei manchem Material sehr genau ist. Wenn Sie unterbrechen, so hört das Interesse des Kindes auf. Das Entzücken, sich selbst zu korrigieren, ist dahin. Es ist, als ob das Kind sagte: ‚Ich war innerlich bei mir selbst. Du hast mich angerufen, und jetzt ist es vorbei. Jetzt hat dieser Gegenstand keine Bedeutung mehr für mich.' Ein Kind braucht kein Lob. Lob durchbricht die Bezauberung. Es ist nicht das bestimmte Material, das das Kind interessiert. Es ist eine große innere Energie, die entstehende Normalität, und diese durchbrechen Sie, wenn sie sich einmischen.

Die Erzieherin muß sehr gebildet sein und bereit, das Phänomen der Konzentration zu erkennen, sobald es eintritt. Sie muß bereit sein, nicht einzugreifen und nicht zu verbessern. Wenn Korrektur notwendig ist, so muß sie diese indirekt, zu einer anderen Zeit geben, niemals aber im Augenblick wirklicher Konzentration. Dies ist der Augenblick der Eroberung, die Zeit, in der das Kind sich selbst unterrichtet gemäß dem Drang der Natur. Aufbau erfolgt durch Erfahrungen in der Umgebung und durch Übung. Wenn die Kinder in diesem Moment korrigiert werden, so wird dieser Prozeß des Aufbaus gestört. Wenn sie schon gut entwickelt sind, dann kann man die Kinder verbessern. Aber es ist nicht notwendig, denn das Material enthält die Fehlerkontrolle.

Die Arbeit der Erzieherin ist es, die Kinder zur Normalisierung, zur Konzentration zu führen." (Maria Montessori, „Spannungsfeld Kind – Gesellschaft – Welt", S. 20ff)

Wieder und wieder sagt uns Montessori, daß wir Erwachsenen dem Kind helfen müssen, unabhängig zu werden, aus eigener Motivation heraus aktiv zu handeln. Und wir müssen stolz darauf sein, daß diese Kinder sich normalisieren. Gleichzeitig dürfen wir aber auch stolz sein, wenn es uns gelungen ist, uns angemessen zurückzunehmen und dem Kind die richtige Freiheit gewährt zu haben.

Montessori setzt diese unsere „neue" Fähigkeit gleich mit Bildung. Wir müssen sehr gebildet sein, wenn es uns gelingen soll, die Phänomene der Aufmerksamkeit und der Motivation zu erkennen. Der Erwachsene muß also lernen, seinen Erziehungsauftrag neu zu definieren. Gelingt dies und dann noch die entsprechende Umsetzung, dann werden wir und die Kinder zu innerer Zufriedenheit kommen. Die Kinder werden auch stolz auf die Erwachsenen sein, denen es gelungen ist, ihnen die Freiheit und das Vertrauen für ihre Entfaltung entgegenzubringen.

Motivation, die von der Umgebung ausgeht

Auch die Umgebung ist ein motivierender Faktor, und zwar nicht nur die Umgebung, in der ein bestimmtes entwicklungsförderndes Material angeboten wird, das nach einer bestimmten Lektion eingeführt wird ...

„Außer der Lehrerin muß auch die *Umgebung Schule* umgeformt werden. Die Einführung des ‚Entwicklungsmaterials‘ in eine gewöhnliche Schule kann nicht die ‚ganze‘ äußere Erneuerung darstellen. Die Schule muß der Ort werden, wo das Kind in seiner Freiheit leben kann; und seine Freiheit kann nicht nur jene innere, geistige des inneren Wachstums sein. Der ganze kindliche Organismus, von seiner physiologisch vegetativen Seite bis zu seiner Bewegungsaktivität, muß die ‚besten Entwicklungsbedingungen‘ vorfinden. Dies schließt all das ein, was die physische Hygiene bereits zur Unterstützung des kindlichen Lebens gefunden hat. Kein Ort ist angebrachter als diese Schulen, um eine Reform der *Kinderkleidung* zu bestimmen und zu verbreiten. Diese Kleidung müßte verschiedenen Notwendigkeiten entsprechen wie zum Beispiel der Sauberhaltung oder der Einfachheit, um die Bewegungen nicht zu behindern, und sie müßte so gefertigt sein, daß es dem Kind möglich ist, sich selbst anzuziehen. Es gibt auch keinen besseren Ort, um die Kinderhygiene in bezug auf die Ernährung zu verwirklichen und zu verbreiten. Die Öffentlichkeit muß von der Wirtschaftlichkeit dieser Dinge überzeugt werden; man muß zeigen, daß die Eleganz und die Sauberkeit an sich nichts kosten, im Gegenteil, sie erfordern nur die Einfachheit, das Maß, und schließen all den so kostspieligen Überfluß aus. Das wäre ein Werk sozialer Erneuerung.

Das gilt vor allem, wenn sich die ‚Kinderhäuser', wie in der Anfangszeit, innerhalb der Mietskasernen befinden, wo auch die Eltern wohnen.

Die Räumlichkeiten einer freien Schule müssen besonderen Anforderungen entsprechen: Die psychische Hygiene beeinflußt sie, wie es bereits die physische Hygiene getan hat. Tatsächlich werden heute nach den Regeln der physischen Hygiene die Schulzimmer viel größer gebaut; denn man mißt den ‚Rauminhalt' im Verhältnis zu den physiologischen Bedürfnissen der Atmung; und aus den gleichen Gründen wurden auch die Toiletten und Badeanlagen in größerer Anzahl eingebaut; deshalb sind in der Schule auch die Fußböden und die hohen Sockel der Wände abwaschbar; ebenfalls aus hygienischen Gründen wurde in der Schule die Heizung und oft auch die Schülerspeisung eingeführt, und der Garten oder weitläufige Terrassen wurden bereits für eine Notwendigkeit gehalten, das körperliche Wohlsein des Kindes zu garantieren. Breite Fenster lassen bereits das Licht zur Genüge einfallen. Überall werden Sportstätten mit ausgedehnten Räumlichkeiten und vielfältigen kostspieligen Geräten eingerichtet. Dazu die äußerst komplizierten Schulbänke. Manchmal sind es wahre Maschinen aus Eisen und Holz mit Fußstützen, Sitzen und Schreibflächen, die mechanisch drehbar sind, um beim Kind sowohl die Bewegung als auch die Verformung aufgrund der Unbeweglichkeit zu verhindern. Sie sind der wirtschaftlich verheerende Beitrag eines falschen Prinzips von ‚Schulhygiene'. Die weiße Eintönigkeit, die Abwaschbarkeit jedes Gegenstandes sind in den modernen Schulen Zeichen für den Triumph einer Epoche, in der der Kampf gegen die Mikrobe der einzige Schlüssel für die Erhaltung des menschlichen Lebens zu sein schien.

Heute erscheint die psychische Hygiene mit ihren neuen Vorschriften an der Schwelle der Schule, Vorschriften, die sicher wirtschaftlich nicht schwerwiegender sind als die, die bereits durch den vorangegangenen triumphierenden Schritt der physischen Hygiene angewandt wurden. Auch sie verlangt, daß die Schulzimmer vergrößert werden; aber nicht im Verhältnis zur Atmung, denn die Heizung, die es erlaubt, die Fenster zu öffnen, macht die Rechnungen über den Rauminhalt hinfällig; sondern sie verlangt, daß sie im Verhältnis zur ‚Bewegungsfreiheit', die dem Kind gelassen werden muß, vergrößert werden. Da das Kind jedoch nicht im Schulzimmer spazieren gehen muß, braucht die Vergrößerung nur so weit zu reichen, daß es die Möglichkeit hat, sich frei zwischen den Möbeln zu bewegen. Will man jedoch ein ‚Ideal' erreichen, kann man sagen, daß das ‚psychische' Klassenzimmer doppelt so groß sein muß wie das ‚physische'. Uns allen gibt ein Raum, der zu seiner größeren Hälfte leer ist, ein Gefühl der Erleichterung; er scheint uns die erbauliche Möglichkeit zu vermitteln, daß wir uns ‚bewegen können'. Dieses Gefühl des Wohlseins reicht tiefer als jenes andere Wohlsein in einem durchschnittlichen, vollgestopften Zimmer, das uns zu erlauben scheint, ‚atmen zu können'.

Die Tatsache, daß wenige Möbel vorhanden sind, ist sicher eine Garantie für die Hygiene; hierin stimmen sowohl die physische wie auch die psychische Hygiene überein. In unseren Schulen empfehlen wir ‚leichte' Möbel; sie sind daher im höchsten Grade ‚einfach und billig'. Es ist gut, wenn sie abwaschbar sind, vor allem, weil die Kinder lernen, ‚sie abzuwaschen'; und dabei führen sie eine beliebte und sehr erzieherische Übung durch. Aber am wichtigsten ist, daß die Möbel ‚schön, künstlerisch' sind. Die Schönheit besteht in diesem Fall nicht aus dem Überfluß, aus dem ‚Luxus', sondern aus der Anmut und der Harmonie der Linien und der Farben, vereint mit der höchsten Einfachheit, die die ‚Leichtigkeit' der Möbel verlangt; wie die moderne Kleidung der Kinder ‚elegant' ist im Vergleich zu früher und gleichzeitig billig und einfach, so ist es dieses Mobilar.

Wir hatten in einem der ‚Kinderhäuser', das auf dem Land in Palidano zum Gedächtnis des Marquis Carlo Guerrieri Gonzaga gegründet wurde, mit dem Studium einer ‚künstlerischen' Einrichtung begonnen. Es ist bekannt, daß jeder Winkel Italiens einen Schatz lokaler Kunst birgt; es gibt keine Provinz, in der es nicht in der Vergangenheit praktische und hübsche Gegenstände gegeben hätte, die gleichzeitig von der Bequemlichkeit wie von einem künstlerischen Sinn bestimmt sind. Fast alle diese Schätze gehen heute verloren, und sogar die Erinnerung daran wird durch die gleichförmige und plumpe ‚hygienische' Mode unserer Tage erstickt. Maria Maraini entwickelte den genialen Plan, minuziöse Nachforschungen über die alte lokale Rustikalkunst durchzuführen und diese in den Möbeln der ‚Kinderhäuser' wieder aufleben zu lassen, indem die Formen und die Farben der Tische, der Stühle, der Schränke, des Geschirrs, der Stoffmuster sowie der charakteristischen Dekormotive, die man in den alten Bauernhäusern vorfand, reproduziert wurden. Dieses Wiederaufleben ländlicher Kunst würde Gegenstände wieder in Gebrauch bringen, die von den Armen benutzt wurden, in

Zeiten, die ärmer waren als die unseren, und bietet gleichzeitig ein Beispiel für die ‚Wirtschaftlichkeit'. Wenn man anstatt der Schulbänke solche einfachen und hübschen Gegenstände herstellen würde, könnten uns diese Schulmöbel auch zeigen, wie man das Schöne aus dem Häßlichen gewinnen kann, indem man die überflüssige Materie wegläßt; denn die Schönheit ist nicht eine Sache der Materie, sondern der Inspiration. Wir müssen uns also nicht vom Reichtum der Materie, sondern vom geläuterten Geist diese praktischen Reformen erwarten.

Wenn man eines Tages ähnliche Studien über die rustikale Kunst aller italienischen Provinzen anstellen würde, von denen jede ihre eigenen künstlerischen Traditionen hat, könnten ‚Einrichtungstypen' entstehen, die durch sich selbst den Geschmack heben und die Gebräuche verfeinern. Damit würde eine ‚erzieherische Mode' geschaffen; denn das jahrhundertealte Kunstgefühl eines sehr alten Kulturvolkes würde die moderne Welt zu neuem Leben inspirieren; denn jetzt scheint sie durch die Beeinflussung der physischen Hygiene zu ersticken, d. h., sie ist nur von einem verzweifelten Kampf gegen die Krankheiten angetrieben.

Es wäre wie ein Humanismus der Kunst, die inmitten der Häßlichkeit des Obskurantismus derer entsteht, die daran gewöhnt waren, nur an den Tod zu denken. Tatsächlich sehen heute die ‚hygienischen Häuser' alle wie Krankenhäuser aus mit ihren weißen, abwaschbaren Möbeln und den nackten Wänden; und die Schulen sehen sogar wie Grabstätten aus mit ihren wie Katafalke aufgereihten schwarzen Bänken, nur weil sie von der gleichen Farbe wie die Tinte sein müssen, um die ‚Flecken' zu verbergen, die man für eine ‚Notwendigkeit' hält, so wie man gewisse Sünden und Verbrechen auf dieser Welt noch für notwendig hält; keiner denkt jedoch daran, sie zu vermeiden! In den Schulzimmern sind die Bänke alle schwarz und die Wände grau, nackt und schmuckloser als die einer Totenkammer. Sie sind so beschaffen, damit der Geist des Kindes ohne Nahrung bleibt, hungrig, bis es bereit ist, die von der Lehrerin dargebotene unverdauliche geistige Nahrung ‚aufzunehmen'; d. h. aus der Umgebung muß jeder Anlaß von Ablenkung entfernt werden; somit kann der Lehrer mit seiner Rednerkunst und seinen komplizierten Hilfsmitteln die widerstrebende Aufmerksamkeit seiner Schüler auf sich lenken. Die geistige Schule hingegen setzt der Schönheit ihrer Umgebung keine Grenzen als die wirtschaftlichen. Kein Schmuck könnte das auf seine Arbeit konzentrierte Kind ‚ablenken'; im Gegenteil, die Schönheit regt gleichzeitig die Sammlung an und bietet dem müden Geist Ruhe. Auch die Kirchen, die die Orte der ‚Sammlung' und der Ruhe des inneren Lebens par excellence sind, haben die höchsten Inspirationen des Geistes herausgefordert, alle Schönheit in ihnen zu vereinigen.

Es mag eigenartig klingen, aber wenn wir auf die Prinzipien der Wissenschaft zurückkommen wollen, könnte man sagen, daß der geeignetste Ort für das menschliche Leben ein künstlerischer Ort ist; und wenn deshalb die Schule ein ‚Beobachtungslabor' des menschlichen Lebens werden soll, muß man das *Schöne* in ihr ansammeln, wie man in einem bakteriologischen Labor die Öfen und die Nährböden sammelt.

Die Kindermöbel, die Tische und die Stühle müssen ‚leicht' sein, nicht nur, weil sie mit den Kinderarmen leicht weggetragen werden können, sondern auch, weil sie aufgrund ihrer Zerbrechlichkeit erzieherisch wirken. Aus demselben Grund gibt man den Kindern Keramikteller, Glasbecher und zerbrechliche Ziergegenstände. In der Tat sind diese Gegenstände *Verräter* grober, falscher und ‚unerzogener' Bewegungen. So wird das Kind veranlaßt, sich zu korrigieren, und übt sich daher, nicht anzustoßen, nicht umzuwerfen und nicht zu zerbrechen.

Indem das Kind seine Bewegungen immer mehr verfeinert, wird es Schritt für Schritt Herr über sie. Auf dieselbe Weise wird sich das Kind daran gewöhnen, alles mögliche zu tun, um die Gegenstände *nicht zu beflecken*, die so schön und lustig sind und die Umgebung fröhlich machen. So macht das Kind in der eigenen Vervollkommnung Fortschritte; oder wenn man so will, es lernt, seine willkürlichen Bewegungen vollkommen zu koordinieren. Ebenso wird es, wenn es einmal die Stille und die Musik genossen hat, alles tun, um Mißklänge zu vermeiden, die sein inzwischen erzogenes Ohr flieht.

Wenn ein Kind hingegen hundertmal hart gegen eine eisenbeschlagene Bank stößt, die die starken Arme eines Gepäckträgers nur schwerlich heben könnte; wenn es tausend und abertausend unsichtbare Tintenflecke auf eine schwarze Bank macht; wenn es hundertmal einen Metallteller zu Boden fallen läßt, ohne daß dieser zerspringt, verbleibt es in einem Meer von Fehlern, ohne es zu merken, während die Umgebung so beschaffen ist, daß sie die Fehler auch noch ‚verdeckt' und die Kinder dadurch mit teuflischer Heuchelei ermutigt.

Die freie Bewegung. – Inzwischen ist das hygienische Prinzip, daß die Kinder ‚Bewegung' benötigen, allgemein anerkannt. Im Gegenteil, wenn man von ‚freien Kindern' spricht, bezieht man sich vorzugsweise auf den Grundsatz der ‚Bewegungsfreiheit', d. h. des Laufens und Springens. Jede Mutter stimmt inzwischen mit dem Kinderarzt überein, daß das Kind in die Parkanlagen und auf die Wiesen gehen muß, um sich dort an der frischen Luft frei zu bewegen.

Wenn man von der Freiheit der Kinder in der Schule spricht, denkt man sofort an jenen Grundsatz der physischen Hygiene. Wir stellen uns freie Kinder vor, die Saltos über die Schulbänke schlagen oder wie verrückt gegen die Wände rennen. Scheinbar ist die ‚Bewegungsfreiheit' an die Idee eines ‚großen Raumes' gebunden und daher daran, daß in den engen Grenzen eines Zimmers notwendigerweise sich ein Kampf zwischen Gewalt und Hindernis ergäbe, eine Unordnung, die mit Korrektheit und Arbeit unvereinbar ist.

Aber die Kriterien der ‚psychischen Hygiene' sehen die ‚Bewegungsfreiheit' nicht auf einen so primitiven Grundsatz der ‚körperlichen Bewegungsfreiheit' begrenzt. Für einen kleinen Hund oder eine kleine Katze können wir dasselbe sagen wie für die Kinder: Sie müssen die Freiheit haben, *laufen und springen* zu können, und sie könnten dies, wie es oft geschieht, in einem Park oder auf einer Wiese zusammen mit den Kindern und wie diese tun. Wenn wir jedoch denselben Begriff von Bewegungsfreiheit auf das Leben eines Vogels anwenden wollen, dann tun wir etwas für ihn; wir versuchen Baumäste oder Querhölzchen in seiner Reichweite anzubringen, auf denen sich die Füße des Vögelchens festhalten könnten, die nicht dazu beschaffen sind, auf dem Boden zu laufen wie die eines Reptils, dagegen aber geeignet sind, ein Stängchen zu umgreifen. Wir wissen, daß ein Vogel, dem auf einer unendlichen Ebene ‚Bewegungsfreiheit' gelassen würde, unglücklich wäre.

Wenn es notwendig ist, für ein Reptil eine andere Umgebung zu schaffen als für einen Vogel, damit sie ihre ‚Bewegungsfreiheit' haben, warum denken wir dann nicht daran, daß es ein Fehler sein muß, unseren Kindern die gleiche Art der Freiheit zu gewähren wie den Hunden und den Katzen? Und oft zeigen die ‚sich selbst überlassenen'

Kinder, die sich bewegen sollen, Ungeduld, Protest und weinen leicht; und wenn sie groß sind, müssen sie sich etwas ausdenken, um vor sich selbst die unerträgliche Langeweile und Demütigung zu verbergen, die darin liegt, zu gehen, nur um zu gehen, und zu laufen, nur um zu laufen. Das große Kind sucht sich ein Ziel für all das; das kleine wird ‚bockig'. Es ist nicht einfach, daß die so sich selbst überlassene Bewegung der Kinder zu höheren Zielen gelangt; abgesehen vom physiologischen Vorzug der allgemeinen Kräftigung, d. h. des vegetativen Lebens, besteht kein Nutzen für die Entwicklung. Die Bewegungen werden ‚plump', die Kinder verfallen auf ungeordnete Springereien, laufen taumelnd, fallen leicht hin und zerbrechen Gegenstände. Offensichtlich ist das Kind nicht wie das freie Kätzchen so voller Anmut und so bezaubernd in seinen ihm von der Natur gegebenen Bewegungen, die dahin streben, sich im Lauf und im leichten Sprung zu vervollkommnen. Im Bewegungstrieb des Kindes hingegen liegt scheinbar keine Anmut und kein natürlicher Ansporn zur Vervollkommnung. Oder besser muß man zusammenfassend sagen, daß ‚diejenige Bewegung', die für die Katze genügt, für das Kind nicht genügt. Denn wenn die Natur des Kindes anders ist, muß auch der Weg seiner Freiheit anders sein.

Wenn das Kind in seiner Bewegung nicht ein ‚intelligentes Ziel' sieht, fehlt in ihm die Führung, dann ermüdet die Bewegung es. Viele Menschen fühlen manchmal entsetzlich die *Leere*, sich ‚ohne Ziel bewegen' zu müssen. Eine der grausamen Strafen, die zur Züchtigung der Sklaven erfunden wurde, war: tiefe Löcher in die Erde graben und diese dann wieder zuschütten zu lassen und immer so weiter, d. h., man ließ sie sinnlos arbeiten.

Experimente über die Müdigkeit haben bewiesen, daß

die gleiche Menge Arbeit mit einem vernünftigen Zweck viel weniger ermüdet als dieselbe ohne Zweck. Das geht so weit, daß heute die Psychiatrie zur Wiederherstellung einer neurasthenischen Persönlichkeit nicht ‚Bewegung an der frischen Luft', sondern ‚Arbeit an der frischen Luft' empfiehlt.

Es handelt sich um eine ‚stärkende' Arbeit, d. h. eine Arbeit, die nicht das Ergebnis einer ‚geistigen Anstrengung' ist, sondern die eine Koordinierung des psychomotorischen Organismus hervorruft. Das sind Arbeiten, die keine Gegenstände *produzieren*, sondern man könnte sagen, Gegenstände *bewahrende* Arbeiten sind wie: Staub wischen oder Tische abwaschen, den Boden kehren, den Tisch decken oder abdecken, Schuhe putzen, einen Teppich zusammenlegen. Das sind die Arbeiten, die ein Diener verrichtet, um die Gegenstände, die seinem Herrn gehören, zu bewahren; diese Tätigkeiten sind weit entfernt von denen des Arbeiters, der mit einer intelligenten Anstrengung diese Gegenstände *hergestellt* hat. Zwei grundverschiedene Arbeiten: Die eine ist eine einfache koordinierende Aktivität, die kaum eine Stufe höher liegt als die zum Spazierengehen oder Springen notwendige Aktivität; denn sie verleiht diesen einfachen Bewegungen schlicht einen Zweck. Die *produktive* Arbeit hingegen verlangt eine vorhergehende intellektuelle Vorbereitungsarbeit und umfaßt das Erlernen einer Serie von sehr komplizierten Bewegungen und gleichzeitig eine Anwendung von Sinnesübungen.

Die erstere ist die für die kleinen Kinder angemessene Arbeit, ‚die sich bewegen müssen, um zu lernen, ihre Bewegungen zu koordinieren.'

Sie besteht in den sogenannten Übungen des praktischen Lebens, die dem psychischen Prinzip der ‚Bewegungsfreiheit' entsprechen. Es genügt, eine ‚geeignete Umgebung' zu schaffen, so wie man einen Zweig im Vogelkäfig anbringen würde. Und dann läßt man den Kindern Freiheit in ihrem Aktivitäts- und Nachahmungstrieb. Die Gegenstände, die sie umgeben, müssen der Größe und den Kräften des Kindes entsprechen: leichte Möbel, die es tragen kann; niedrige Schränke, die sein Arm erreichen kann; leicht zu handhabende Schlösser; gut ausziehbare Schubläden; Türen, die leicht zu öffnen und zu schließen sind; Kleiderhaken, die in Reichhöhe des Kindes an der Wand angebracht sind; Bürsten, die seine kleine Hand umfassen kann; kleine Seifenstücke, die in seiner Hand Platz haben; so kleine Waschschüsseln, daß es die Kraft hat, sie auszuschütten; Besen mit einem kurzen, glatten und gleichen Stiel; Kleider, die es leicht an- und ausziehen kann: Das ist eine zur Tätigkeit einladende Umgebung, in der das Kind nach und nach unermüdlich seine Bewegungen vervollkommnet und Anmut und menschliche Geschicklichkeit erlernt, so wie das kleine Kätzchen seine graziösen Bewegungen und seine katzenhafte Geschicklichkeit erwirbt, indem es sich allein unter der Leitung des Instinkts bewegt.

Dieses der freien Aktivität des Kindes offene Feld erlaubt ihm, sich zu bewegen und sich herauszubilden wie ein Mensch. Der Nutzen dieser Übungen liegt nicht in der Bewegung selbst, sondern in einem starken Koeffizienten der komplexen Bildung seiner Persönlichkeit: Seine sozialen Gefühle in den Beziehungen, die es mit den anderen freien, aktiven Kindern knüpft, die Mitarbeiter in einer Art Haushalt zum Schutz und zur Hilfe ihres Wachstums sind; das Gefühl der Würde, das das Kind überkommt, wenn es lernt, sich selbst zu genügen in einer Umgebung, die es bewahrt und beherrscht; all dies sind die *Koeffizienten* des Menschseins, die die ‚freie Bewegung' begleiten. Das Bewußtsein der Entwicklung seiner Persönlichkeit gibt dem Kind die Motive für die Ausdauer in diesen Arbeiten, für den Fleiß, mit dem es sie durchführt, und für die große Freude, die es an den Tag legt, wenn es sie vollbracht hat. Zweifellos arbeitet es in dieser Umgebung *an sich selbst und stärkt* sein inneres Leben; wie es am Wachstum und an der Stärkung seines physischen Organismus arbeitete, wenn sein Körper von frischer Luft umgeben und seine Glieder auf den Wiesen in Bewegung waren." (Maria Montessori, „Schule des Kindes", S. 135 ff)

Montessori spricht von der Schule, die ein Ort werden muß, in der das Kind seine Freiheit leben kann. Nicht nur das Kinderhaus oder die Schule sind gefordert, auch das Elternhaus und öffentliche Räume, in denen Kinder sich aufhalten oder leben. Die Umgebung ist die ganze Umwelt, und diese prägt und beeinflußt das Kind in ungeheurem Maße. Nicht umsonst geht Maria Montessori auf Kleidung, Möbel, Ernährung, Hygiene, Bewegung, Atmosphäre usw. ein. Dabei geht es nicht um ein Übermaß. Übervolle Kinderzimmer und Kindergartenräume haben wir genug. Sie sind übermöbliert, quellen über von Spielmaterialien, die Kleiderschränke sind voll, zu viele Süßigkeiten und ungesunde Ernährung gefährden die Gesundheit. Dies alles ist Umgebung unserer Kinder. Hier gilt es, kritisch zu überprüfen, was notwendig ist.

Haben Kinder keine Modelle und kein Wissen über gesunde Ernährung, wie sollen sie dann wissen, was der Mensch braucht? Die Produkte kommen aus dem Supermarkt. Es ist erschreckend, daß Kinder die Werbesprüche aus den Medien kennen, aber viele Produkte ihrem Ursprung nicht mehr zuordnen können. Über Bilderbücher –

und auch dies ist bereits auf dem Weg unmodern zu werden – erfährt das Kind Gesetzmäßigkeiten der Natur, Entwicklungs- und Arbeitsprozesse bei der Verarbeitung und Herstellung von Nahrungsmitteln und Gütern. Kinder sind hochmotiviert, solche Prozesse kennenzulernen. Ich selbst erinnere mich an eine Situation aus einem Kindergarten. Die Apfelbäume im Garten hatten übermäßig getragen. Wir verarbeiteten die Äpfel zu Kompott, Apfelkuchen, und ich machte den Vorschlag, auch Apfelsaft zuzubereiten. Die Kinder blickten ungläubig. Apfelsaft selber machen? Wir setzten es in die Tat um. Die gekochten Äpfel kamen in ein Leinensäckchen, und der Saft wurde ausgepreßt – nach uralter Methode. Die Kinder staunten. „Der sieht ganz anders aus, so trübe". Ja warum wohl? Es war ein Erlebnis für die Kinder, der Saft schmeckte natürlich am allerbesten. Die Produktion wurde noch oft wiederholt. Einige Mütter meinten allerdings, daß das ja wohl verrückt sei, denn die Kinder wollten es daheim nachmachen.

Übrigens glauben wir Erwachsenen, daß wir bestimmen könnten, wann Kinder für welche Inhalte Interesse haben müßten. Die Beobachtung von Kindern zeigt jedoch, daß die Lehrpläne (insbesondere der Grundschulen) der Schulen nicht kompatibel mit den Interessenslagen der Kinder sind, ebenso wie die Einteilung in Unterrichtsstunden zu Gunsten von Projektarbeit und einer Art „Epochal-Unterricht" neu überdacht werden müßte.

Die Macht von Gewohnheiten

In der Alltagssprache unterscheiden wir schlechte und gute Gewohnheiten. Wir meinen damit Verhaltensweisen, die sich auf eine bestimmte Art und Weise eingeschlichen haben. Viele Gewohnheiten führen zu unreflektierten Handlungen, ohne Kontrolle über Ziel, Nutzen, Zweck. Warum auch hinterfragen, was schon immer war? Viele Handlungen sind quasi schon Reflexe geworden. Steckt denn gar keine Motivation dahinter? Ich meine, daß es falsch wäre, ein solches Tun einer Motivation von innen zuzuschreiben, auch wenn jedes Handeln das Resultat aus Antrieben und Hemmungen ist und durch den Willen koordiniert wird. Montessori vertritt die Auffassung, daß ein willensstarkes Leben, ein Leben der Aktion ist.

„Ein willensstarkes Leben ist ein Leben der Aktion. Aber alle unsere Handlungen sind eine Resultante aus Antrieben und Hemmungen, und diese Resultante kann durch die Wiederholung der Handlungen fast gewohnheitsmäßig und unbewußt werden. Das gilt z. B. für alle jene Gewohnheitshandlungen, die insgesamt ‚das Benehmen eines gut erzogenen Menschen' darstellen. Unser Impuls regt uns dazu an, einen bestimmten Besuch abzustatten; aber wir wissen, daß wir stören könnten, und sehen davon ab; wir säßen gern in der Salonecke, aber da eine ehrwürdige Person eintritt, stehen wir auf; uns ist jene Dame unsympathisch, aber wir verbeugen uns dennoch und geben ihr einen Handkuß; wir möchten gern genau die Süßigkeit, die unsere Nachbarin genommen hat, aber wir hüten uns davor, es zu zeigen. Alle unsere Körperbewegungen sind nicht die, die uns der Impuls oder die Müdigkeit eingeben, sondern sind die genaue Wiedergabe dessen, was wir für anständig halten. Ohne Impulse würden wir absolut keinen Anteil am sozialen Leben nehmen; andererseits könnten wir unsere Impulse ohne Hemmungen nicht korrigieren, lenken und verwerten.

Dieses Gleichgewicht zwischen den entgegengesetzten motorischen Kräften ist das Ergebnis langer Übungen und *alter Gewohnheiten* in uns; sie kosten uns keine Anstrengung mehr, wir müssen nicht den Verstand und die Erkenntnis zu Hilfe nehmen, um sie durchzuführen: Diese Handlungen sind für uns fast Reflexe geworden. Und doch sind es Handlungen, die von den Reflexbewegungen weit entfernt sind: Nicht die Natur, sondern die Gewohnheit erzeugt dies alles. Wir wissen gut, wie ein Mensch, der nicht durch die Gewohnheit erzogen wurde, sondern nur flüchtig mit der Kenntnis gewisser Regeln bekanntgemacht wurde, nur zu oft Plumpheiten und Unaufmerksamkeiten begeht, weil er von ‚Mal zu Mal' all jenes Verhalten improvisieren muß, zu dem ein Willensakt notwendig ist, und es unter der aufmerksamen und direkten Kontrolle des Bewußtseins lenken muß. Eine solche ständige Anstrengung kann es nicht mit der ‚Gewohnheit' vornehmer Manieren aufnehmen. Der Wille speichert seine langwährenden Anstrengungen außerhalb des Bewußtseins oder an seiner äußersten Peripherie auf und läßt das Bewußtsein selbst frei für neue Errungenschaften und für darauffolgende Prüfungen. So betrachten wir jenes Verhalten nicht mehr als Willensbeweise, obwohl man doch meinen würde, daß das Bewußtsein stets wachsam die Handlungen kontrolliert, damit sie genau die Anstandsregeln einhalten. Ein erzogener Mensch, der so handelt, ist weiter nichts als ein normaler Mensch, ein Mensch mit ‚gesundem Geist'.

Tatsächlich zerstört nur die Krankheit eine durch ihre Anpassungen organisierte Persönlichkeit, und nur sie könnte einen in die Gesellschaft eingeordneten Menschen von jenen Handlungsweisen abbringen. Es ist bekannt, daß ein Neurastheniker, einer, bei dem die ersten Symptome der Geistesgestörtheit auftreten, zu Beginn als ein Mensch erscheinen kann, der nicht mehr die ‚guten Manieren' einhält.

Derjenige hingegen, der sich innerhalb der Grenzen des Anstandes bewegt, ist weiter nichts als ein *normaler Mensch*. Wir würden ihn nicht als einen ‚Willensmenschen' bezeichnen; sein Bewußtsein ist noch immer für neue Proben offen, und die an seiner Peripherie aufgespeicherten Mechanismen haben nicht mehr den Charakter eines ‚Willensaktes'.

Aber das Kind steht erst an der Schwelle seines Lebens, und seine Persönlichkeit ist sehr verschieden von der des Erwachsenen; im Vergleich zu ihm ist es wie ein geistig Gestörter fast immer Opfer seiner eigenen Impulse oder manchmal der stärksten Hemmungen. Die beiden entgegengesetzten Willensaktivitäten haben sich noch nicht zum Aufbau einer neuen Persönlichkeit verbunden. Im psychischen Embryo sind die beiden Elemente noch getrennt, und es ist von großer Wichtigkeit, daß diese ‚Verbindung', diese ‚Anpassung' stattfindet und sich wie ein Schutzgürtel um die Peripherie seines Bewußtseins legt. Daher muß so früh wie möglich die aktive Übung begonnen werden, die zur Erreichung eines solchen Entwicklungsgrades notwendig ist. Der Zweck der Übung liegt gewiß nicht darin, aus dem Kind einen kleinen frühreifen ‚Gentleman' zu machen, sondern darin, daß es seine Willenskräfte übt und sogleich Antriebe und Hemmungen in gegenseitige Verbindung bringt. Es ist der ‚Aufbau', der notwendig ist, nicht der mit diesem Aufbau zu erreichende äußere Zweck.

Dieses Ziel kann nur auf eine Weise erreicht werden, und zwar indem das Kind sich unter andern Kindern bewegt und sich in dieser Willensgymnastik im Bereiche der Gewohnheiten seines eigenen Lebens übt. Das Kind, das sich mit einer Arbeit beschäftigt, hemmt alle anderen Bewegungen, die nicht mit dieser Arbeit in Verbindung stehen; es trifft eine Wahl unter den Muskelkoordinierungen, zu denen es fähig ist, beharrt lange darin und beginnt so, jene Auswahl zu fixieren. Das ist etwas ganz anderes, als wenn sich das Kind ungeordnet bewegt und unkoordinierten Impulsen freien Lauf läßt. Wenn es beginnt, die Arbeit anderer zu respektieren; einem anderen Kind nicht den Gegenstand aus der Hand zu reißen, den es wünscht, sondern geduldig darauf zu warten; zu laufen, ohne gegen die Gefährten zu stoßen, ohne ihnen auf die Füße zu treten, ohne den Tisch umzuwerfen, tut es dies, indem es seinen Willen organisiert und die Antriebe und die Hemmungen ins Gleichgewicht bringt. Das führt zur Gewöhnung an ein soziales Leben. Dieses Ziel könnte nie erreicht werden, wenn man die Kinder still nebeneinander sitzen ließe; dann könnten ‚Beziehungen zwischen den Kindern' und das Sozialleben der Kinder nicht entstehen.

In den freien Beziehungen, in der wirklichen Übung, die Grenzen eines jeden an die Grenzen der anderen anzupassen, können sich die sozialen ‚Gewohnheiten' herausbilden. Sicherlich kann nicht die Beschreibung dessen, was man tun soll, Willensmechanismen erzeugen; es genügt nicht ‚Kenntnisse über den Anstand' und über ‚die Rechte und Pflichten' zu erteilen, um das Kind anmutige Bewegungen erwerben zu lassen. Wenn das so wäre, würde es ausreichen, ganz genau die zum Klavierspielen notwendigen Handbewegungen zu beschreiben, und ein aufmerksamer Schüler müßte aufstehen können und eine Sonate von Beethoven spielen. Es ist der ‚Aufbau', der für all dies nötig ist; es ist die Übung, die die Errungenschaften des Willens festigt.

In der Erziehung ist es von großer Bedeutung, rechtzeitig alle für den Aufbau der Persönlichkeit notwendigen Vorrichtungen zu organisieren. Wie die Bewegung notwendig ist, die *Gymnastik* der Kinder – weil man weiß, daß die Muskeln durch die Unbeweglichkeit unfähig werden, die Vielzahl der Bewegungen durchzuführen, die unser Muskelsystem ermöglicht –, ist analog eine entsprechende ‚Gymnastik' notwendig, um das innere Leben in Aktivität zu halten.

Ein Organismus ohne Erziehung kann sich leicht Mängel zuziehen; wer schwache Muskeln hat, neigt dazu, sich nicht zu bewegen, und fällt dadurch ab, während eine Tätigkeit notwendig wäre, um die Gefahr zu überwinden. So könnte sich ein ‚willensschwaches', ‚willensarmes' Kind leicht an eine Schule gewöhnen, in der alle Kinder stillsitzen und zuhören oder so tun, als ob sie zuhören würden." (Maria Montessori, „Schule des Kindes", S. 163ff.) In letzter Zeit wurde sehr oberflächlich über die ‚Gedankenfreiheit' gesprochen. Mit dem gleichen Vorurteil, das gegenüber dem Kind besteht, hat man geglaubt, den Menschen ‚zu befreien', indem man ihn seinen Gedanken ‚überläßt'; aber war er fähig, ‚zu denken'? War die Epoche jener ‚Freiheit' nicht vielleicht eine Nervenschwäche? War es nicht die Zeit, in der man darüber diskutierte, ob man die sozialen Rechte auch auf die Analphabeten ausdehnen sollte? ...

Unser Gerechtigkeitssinn wird eines Tages anerkennen müssen, daß die *fundamentalen Rechte* die seiner ‚Bildung' sind: eine Bildung, die frei von Hindernissen, frei von Sklaven ist und frei, die zur Entwicklung notwendigen Mittel aus der Umgebung aufzunehmen. Schließlich liegt in der Erziehung die entscheidende Grundlage zur Lösung der die ‚Personalität' betreffenden sozialen Probleme.

Sehr lehrreich ist für uns die durch die Kinder zuteilgewordene Offenbarung, daß die ‚Intelligenz' der Schlüssel ist, der die Geheimnisse ihrer Bildung erschließt und zugleich das Mittel für ihren inneren Aufbau.

Die Hygiene der Intelligenz nimmt somit eine grundlegende Bedeutung an. Wenn die Intelligenz als Mittel zur Bildung, als Kernpunkt des Lebens anerkannt wird, kann sie nicht mehr für zweifelhafte Ziele ‚ausgebeutet', noch aus Mangel an Einsicht erstickt und unterdrückt werden.

In der Zukunft muß die Intelligenz der Kinder für uns Gegenstand viel sorgfältigerer und weiserer Sorge werden, als es heute der Körper ist, bei dem wir mit kostspieligen und komplizierten Mitteln sogar den Blinddarm, die Zähne, die Fingernägel und die Haare pflegen. Und wenn wir an die Mutter denken, die genau die Gefahren und Stärkungsmittel kennt, die sich auf die Haare ihres Kindes beziehen, jedoch seine Intelligenz unterjochen kann, ohne sich dessen bewußt zu werden, müssen wir sogleich anerkennen, daß der neue Weg, der sich der Kultur geöffnet hat, ein langer Weg sein wird, wenn heute noch ein solcher Kontrast zwischen dem überflüssigen und den grundlegenden Dingen des Lebens möglich ist." (Maria Montessori, „Schule des Kindes", S. 186 ff.)

Das soziale Leben ist ein wichtiges Ziel in der Entwicklung des Kindes. Seine Persönlichkeit unterschiedet sich ganz wesentlich von der des Erwachsenen. Deshalb braucht es unbedingt andere Kinder, um seine sozialen Fähigkeiten aufzubauen. In freien Beziehungen übt es sich im Erkennen von Grenzen ebenso wie in der Anpassung und bildet soziale „Gewohnheiten" heraus. Das Kind benötigt die Kraft seines Willens, sonst landet es in der Unterdrückung, fragt nicht mehr, wehrt sich nicht mehr. Seine Eigenmotivation kommt ebenso zum Erliegen wie seine Entscheidungsfreude und Selbstkompetenz. Wir müssen hieraus die Erkenntnis ziehen, daß Kinder eine entwicklungsfördernde Umgebung brauchen, in der sie Freiheit erleben und praktizieren dürfen. Wenn es uns gelingt, ihr Umfeld so zu gestalten, dann wird es uns auch gelingen, sie richtig zu motivieren. Motivation wird dann zum „Selbstläufer" ohne Programm oder immer wieder zu definierenden neuen Übungen und Zielvorstellungen.

Nachwort

Kinder richtig zu motivieren, das ist ein Themenkomplex, dem man noch nie so viel Beachtung beigemessen hat wie heute. Eltern wollen das Beste für ihr Kind. In Institutionen, Politik und Öffentlichkeit diskutiert man die Notwendigkeit einer Bildungsoffensive. Dies wurde nicht zuletzt ausgelöst durch die Ergebnisse der Forschung, die vielfältig aufgezeigt hat, daß unser Bildungssystem im europäischen und weltweiten Vergleich „hinterherhinkt".

In der frühen Kindheit lernen Kinder so viel wie nie mehr im späteren Leben. Aber es ist verständlich, wenn Eltern, Erzieher und andere Erwachsene nach Möglichkeiten und Wegen suchen, wie Kinder motiviert werden können, ihre Lernchancen und Bildungsmöglichkeiten noch besser zu nutzen.

Erwachsene greifen oft zu schnell nach Trainingsprogrammen mit oft monotonen Übungen, durch die das Kind seine Fertigkeiten und Fähigkeiten erweitern und vervollkommnen soll. Die gleichen Erwachsenen sind enttäuscht, wenn diese Trainings nicht das bringen, was sie versprechen.

Montessori – und dies gilt auch für andere Vertreter der Reformpädagogik – geht ganz andere Wege.

Sie ist überzeugt davon, daß jedem Kind der Wunsch angeboren ist, seine Anlagen und Fähigkeiten zu entwickeln.

Professor Franz Mönks, Inhaber eines Lehrstuhls für Hochbegabtenforschung und Leiter des Zentrums für Begabungsförderung in Nijmegen/Niederlande führt dazu aus: „Der Lehrer soll das Kind fortwährend beobachten und ihm auf dem Fuß folgen, damit er im Stande ist, dem Kind das geben zu können, was es nötig hat. Hieraus folgt das Prinzip der Wahlfreiheit: Das Kind trifft selber Entscheidungen darüber, was es tun soll, und der Lehrer als Begleiter sorgt dafür, daß das Kind soziale und intellektuelle Aufgaben hat, die seinem Entwicklungsniveau entsprechen. Zeigt sich, daß eine Aufgabe zu schwer ist, so wird sie für später aufgehoben" (Franz J. Mönks und Irene H. Ypenburg, „Unser Kind ist hochbegabt", S. 75).

Das Kind braucht nicht den Erwachsenen, der es ständig dirigiert und kontrolliert, vielmehr muß es das Gefühl haben, daß es selbst den Weg bestimmt. Wenn das Kind spürt, daß es selbst etwas zustande bringen kann, aus eigener Kraft und eigenem Bemühen heraus, so wächst nicht nur seine Selbstsicherheit, sondern vor allem auch sein Selbstwertgefühl. Das Kind wählt aus, bestimmt sein Tempo und kann stolz sein auf Erfolge.

Vielleicht zur Enttäuschung von Eltern, Lehrern und Erziehern muß gesagt werden, daß es nicht ihr Verdienst ist, wenn das Kind hochmotiviert einem bestimmten Ziel zuarbeitet. Sie mögen zwar gewisse Anteile daran haben, aber Inhalte „einzutrichtern" führt nicht zu bleibenden Lernerfolgen und erhöht auf keinen Fall die Motivation.

Die Erfolge in der Montessori-Pädagogik sind auch zurückzuführen auf die Arbeit in altersgemischten Gruppen und Klassen. Hier ist von vorneherein eine „Gleichmacherei" ausgeschlossen. Verschiedenste Entwicklungsstufen und Interessenlagen von Kindern treffen aufeinander. Hinzu kommt, daß jedes Material nur einmal vorhanden ist. Die kollektive Beschäftigung aller mit ein und derselben Sache ist also ausgeschlossen. Dafür tut sich dem Kind die Möglichkeit auf, zu beobachten, was andere tun und damit auch die eigene Motivation zu „nähren".

Der Erwachsene wird gleichzeitig zum „Diener der kindlichen Energien".

„Dem Kind gehört der erste Platz, und der Lehrer folgt ihm und unterstützt es. Er muß auf seine eigenen Aktivitäten zu Gunsten des Kindes verzichten. Er muß passiv werden, damit das Kind aktiv werden kann" (Maria Montessori, Grundgedanken der Montessori-Padagogik, S. 40).

Damit ist keinesfalls ein „laissez-faire" gemeint. „Es handelt sich bei der Haltung des Erwachsenen dem Kind gegenüber um die Begrenzung des Einschreitens. Dem Kind muß geholfen werden, wo das Bedürfnis für Hilfe da ist. Doch schon ein zu viel an Hilfe stört das Kind" (ebd.).

Das Kind sucht Autorität und Orientierung. Und hier ist wieder der Erwachsene gefordert.

„Die Erzieherin und die Kinder sind keineswegs Gleichgestellte. Es sind genug Kinder in der Klasse, als daß die Erzieherin ein Kind unter den Kindern werden müßte. Sie brauchen kein weiteres Kind, sie brauchen einen würdigen, reifen Menschen. Die Kinder müssen die Erzieherin wegen der Bedeutung bewundern. Wenn keine Autorität für sie da ist, so haben die Kinder keine Orientierung (Maria Montessori, „Spannungsfeld Kind – Gesellschaft – Welt", S. 27).

Die pädagogischen Prinzipien Montessoris sind im eigentlichen Sinne die Grundlagen zur Motivation.

Sie motiviert Kinder

- indem sie sie selbständig und frei arbeiten läßt,
- den Kindern zubilligt, von individueller zu gemeinschaftlicher Arbeit zu wechseln,
- den Kindern eigene Ideen und Interessen zutraut und von ihnen erwartet,
- bei jedem Kind ein individuelles Lerntempo respektiert und akzeptiert,
- sie den Unterricht individuell ausrichtet, „maßgeschneidert" für jedes Kind,
- die individuellen Unterschiede der Kinder, wie Entwicklungsstand, Lerntempo u. a. erkennt und die Umgebung entsprechend vorbereitet.
- indem sie das Kind auf den Weg zum entdeckenden Lernen begleitet und es somit zur Selbständigkeit führt.

Das Kind muß selbst entscheiden können, was es braucht. „Nur das Kind, das weiß, was es benötigt, um sich zu üben und sein geistiges Werk zu entwickeln, kann wirklich frei auswählen. Mann kann von keiner freien Wahl sprechen, wenn jeder äußere Gegenstand gleichermaßen das Kind lockt und wenn dieses aufgrund mangelnder Willenskraft jedem Aufruf folgt und rastlos von einem Ding zum anderen übergeht. Das ist eine der wichtigsten Unterscheidungen, zu der die Lehrerin fähig sein muß. Das Kind, das noch nicht einer inneren Führung gehorchen kann, ist noch nicht das freie Kind, das sich auf den langen und schmalen Weg der Vervollkommnung begibt" (Maria Montessori, „Das kreative Kind", S. 244 f).

Wenn wir Kinder also richtig motivieren wollen, so gilt es, vieles zu bedenken, zu beobachten und zu verändern. Schlüssel zur Motivation ist unser Erziehungsverhalten und die Erziehungsumwelt mit allen „geheimen Miterziehern". Primär kommt es aber auf die Akzeptanz an, die wir jedem Kind als einem einzigartigen Lebewesen entgegenbringen. Wir stehen einem komplexen Aufgabenfeld gegenüber. Die moderne Pädagogik hat nur wenig Antworten für uns bereit. Vielleicht erleben deshalb gerade in unseren Tagen die Reformpädagogen mit ihrer „Pädagogik vom Kinde aus" eine solche Renaissance.

Montessori-Kindergärten und -Schulen schießen wie Pilze aus dem Boden (und es wären noch mehr, wenn nicht das Genehmigungs- und Anerkennungsverfahren für Privatschulen so kompliziert wäre).

Doch oft wird auch nur der Name Montessori als „Türschild" benutzt, und ihr Menschenbild und ihre Methoden finden nur bruchstückhaft Eingang in den pädagogischen Alltag. Montessori-Pädagogik und ebenso Motivationshilfen durch Anwendung ihrer Pädagogik dürfen nicht als „Medizin" verstanden werden, mit der wir alle gesellschaftlichen Probleme und alle Erziehungsfragen lösen oder beantworten können. Wenn wir Kinder wirklich motivieren wollen, dann müssen wir mit großem Einsatz und innerer Bereitschaft an uns selbst arbeiten. Dann werden wir überrascht sein, wenn Kinder sich plötzlich anders verhalten und wir vieles an ihnen entdecken, was wir ihnen nicht zugetraut hätten. Wir werden zum Staunen finden.

Montessori selbst hat sich vor vielen Jahrzehnten zur Gegenwartsbedeutung ihrer Pädagogik geäußert. Diese Gedanken sind immer noch gültig:

„Die materielle Welt befindet sich in einer vollständigen Umwandlung und bietet die Ungewißheiten und Gefahren, die aus einer neuen Anpassung entstanden sind. Wir haben jene ‚Sicherheit‘ der alten Zeiten verloren. Jene Zeit ist vorüber, wo der Beruf sich ungestört vom Vater auf den Sohn vererbte. Die Gewißheit einer guten Anstellung, die gute Studien belohnte, ist verloren. Die Familie kann das nicht mehr wie früher garantieren. Nicht einmal der Staat ist in der Lage, seinen Bürgern, die für höhere Berufe bestimmt sind, eine Anstellung zuzusichern, wenn sie ihre Fachschulen absolviert haben. Man muß nun den neuen Schwierigkeiten ins Auge sehen, die die Unsicherheit der modernen Bedingungen hat auftauchen lassen. Die Welt befindet sich zum Teil im Zustand des Auseinanderfallens, zum Teil im Zustand des Wiederaufbaues. Der Wechsel zwischen Fortschritt und Regression schafft die Unsicherheit ... Unter diesen sozialen Bedingungen müssen wir uns daran erinnern, daß der einzige sichere Führer der Erziehung darin besteht, die Personalität der Kinder zu fördern ... Die Fähigkeit zur Anpassung ist heute wesentlich; denn wenn der Fortschritt unaufhörlich neue Karrieren öffnet, so unterdrückt er auch unaufhörlich die traditionellen Berufe oder revolutioniert sie" (Barbara Stein, „Theorie und Praxis der Montessori-Grundschule", S. 199f).

Wenn Kinder sich in der Zukunft bewähren sollen, so müssen wir ihnen Mut machen, ihnen helfen, daß sie Charakterstärke, Verantwortungsbereitschaft und praktische Fähigkeiten erwerben können. Je mehr sie dies aus eigener Motivation heraus tun, um so sicherer ist es, daß sie die Schlüsselqualifikationen erwerben, die sie für die Zukunft brauchen.

Und was verstehen andere unter „Motivation"?

„Seit meiner Kindheit habe ich gehört, daß ich zu nichts zu motivieren sei. Wie kann man denn motiviert sein, wenn man keinerlei freie Entscheidungen treffen darf?"
(Peter, 60 Jahre)

„Motivation, alles gut und schön. Heißt motiviert sein, noch mehr Leistung erbringen?"
(Klaus, 57 Jahre)

„Ich glaub', ich bin motiviert, wenn mir etwas ganz toll Spaß macht. Leider muß man aber in der Schule immer das tun, was der Lehrer sagt!"
(Susanne, 11 Jahre)

„Wenn ich etwas Bestimmtes erreichen will, dann gehe ich meinen Weg mit höchster Motivation, und auch Hindernisse lassen sich dann leichter bewältigen."
(Eva, 19 Jahre)

„Wissen diejenigen, die den Menschen Motivation abverlangen, daß sie mit ihren Verhaltensweisen mehr demotivieren als motivieren?"
(Andrea, 25 Jahre)

„Wenn ich an meine Kindergarten- und Schulzeit zurückdenke, so ist mir in Erinnerung geblieben, daß es sehr von den jeweiligen Erwachsenen abhing, wie es ihnen gelungen ist, uns zu motivieren. Unvergessen geblieben ist mir der wöchentliche Erfindertag im Kindergarten. Wir hätten damals viele Preise erwerben können für die Ideen, die wir dort entwickelten."

(Wolfgang, 34 Jahre)

„Motivation, das ist ein Modewort. Für mich ist es nichts anderes als gesunder Ehrgeiz."

(Jürgen, 36 Jahre)

„Motivation in der Kindererziehung? Da braucht es nicht viel Motivation. Kinder haben keine andere Wahl, sie müssen das Wichtigste lernen, wenn sie im Leben bestehen wollen."

(Heike, 29 Jahre)

„Motivation hat für mich auch etwas mit Kreativität oder dem sogenannten ‚flow' zu tun. Sie kommt von innen heraus und ist nur wenig von außen beeinflußbar oder gar zu steuern. Wenn die innere Motivation stimmt, dann kann man fast Unglaubliches erreichen."

(Anne, 45 Jahre)

„Motivation ist etwas Naturgegebenes. Sie steckt in jedem Menschen, muß aber geweckt werden."

(Eduard, 59 Jahre)

„Es gibt gute und schlechte Motive, warum man etwas tut. Ähnlich ist es mit der Motivation. Man sollte Motivation nicht überbewerten."

(Sylvia, 32 Jahre)

„Durch Anreize kann man motivieren. Materialien, Gegenstände, Prämien können Motivation auslösen."
(Reiner, 40 Jahre)

„Motivation muß gerade bei Kindern von innen kommen. Wenn sie nur motiviert werden, zum Beispiel ihr Zimmer aufzuräumen, weil sie dann länger fernsehen dürfen, so halte ich das für eine schlechte Erziehungsmethode."
(Johannes, 29 Jahre)

„Motivation? Keine Ahnung! Ich mache immer meinen Trott, was um mich passiert, ist mir egal."
(Sven, 25 Jahre)

„Mein Vater denkt, mit Versprechungen könnte er mich motivieren, daß ich doch Bankkaufmann werde. Er kann machen, was er will. Das liegt mir nicht. Ich werde was ganz anderes machen, auch gegen seinen Willen. Er kann mir versprechen, was er will."
(Markus, 15 Jahre)

„Wenn ich selbst irgend etwas erreichen will, dann bin ich hochmotiviert und erreiche auch meistens mein Ziel."
(Stefan, 18 Jahre)

„Motivation ist etwas Natürliches. Man hat sie oder man hat sie nicht."
(Sabine, 35 Jahre)

Literatur

1. Maria Montessori, „Die Entdeckung des Kindes", Freiburg-Basel-Wien 1972
2. Maria Montessori, „Spannungsfeld Kind – Gesellschaft – Welt", Freiburg-Basel-Wien 1979
3. Maria Montessori, „Schule des Kindes", Freiburg–Basel–Wien, 1991
4. Maria Montessori, „Dem Leben helfen", Freiburg–Basel–Wien, 1992
5. Maria Montessori, „Grundgedanken der Montessori-Pädagogik", Freiburg – Basel – Wien 1997
6. Maria Montessori, „Das kreative Kind", Freiburg–Basel–Wien 1997
7. Franz J. Mönks und Irene H. Ypenburg, „Unser Kind ist hochbegabt", München 1998
8. Rolf Oerter, „Moderne Entwicklungspsychologie", Donauwörth 1976
9. Barbara Stein, „Theorie und Praxis der Montessori-Grundschule", Freiburg – Basel – Wien 1998
10. Wörterbuch der Erziehung, Herausgegeben von: Christoph Wulf, München – Zürich 1978